Jiangsu Urban
Development Report 2016

江苏省城市
发展报告

2016

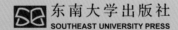

东南大学出版社
SOUTHEAST UNIVERSITY PRESS

内容提要

本书整体评价了2015年江苏省城镇化和城乡发展一体化的基本情况，分析了江苏省城镇化进程、城镇体系格局、区域空间利用特征，以及城市住房、基础设施、历史文化保护、园林绿化、公共服务、绿色建筑等人居环境改善情况。从全省、市县两个层面，客观进行了经济、社会、文化、宜居等城市发展相关指标统计分析，指出了市县城市发展质量特征。

本书提出了可统计的城市发展指标体系，涵盖了经济可持续、社会文明、文化繁荣、宜居城市和城市治理五个方面的指标，对于认识江苏省的城市发展客观规律具有一定的参考价值，可供城乡规划、城市管理等领域的高等院校师生、科研单位研究人员以及政府管理部门人员参考。

图书在版编目（CIP）数据

江苏省城市发展报告. 2016/ 江苏省住房和城乡建设厅等著. —南京：东南大学出版社，2018.6
 ISBN 978-7-5641-7764-5

Ⅰ. ①江… Ⅱ. ①江… Ⅲ. ① 城市建设－研究报告－江苏－2016 Ⅳ. ① F299.275.3

中国版本图书馆CIP数据核字（2018）第098240号

江苏省城市发展报告（2016）

著　　者	江苏省住房和城乡建设厅 江苏省推进城镇化工作联席会议办公室 江苏省城市科学研究会 江苏省城镇化和城乡规划研究中心
出版发行	东南大学出版社
社　　址	南京市四牌楼2号　（邮编：210096）
出 版 人	江建中
责任编辑	张新建
经　　销	全国各地新华书店
印　　刷	江苏扬中印刷有限公司
开　　本	889mm×1194 mm　1/16
印　　张	4.5
字　　数	120千
版　　次	2018年6月第1版
印　　次	2018年6月第1次印刷
书　　号	ISBN 978-7-5641-7764-5
定　　价	60.00元

本社图书若有印装质量问题，请直接与营销部联系，电话：025-83791830。

《江苏省城市发展报告 2016》编写人员

编委会

主　　任	周　岚　顾小平
副 主 任	张　鑑
编　　委	施嘉泓　金　文　刘向东　曹云华　李　强　何伶俊　王守庆
	韩秀金　唐宏彬　朱东风　范信芳　汪志强　陈小卉
主　　编	周　岚　顾小平
副 主 编	张　鑑
执行主编	陈小卉
编写人员	郑文含　何常清　许　景　邵玉宁　钟　睿　姚梓阳　国子健
	尤雨婷　毕　波　孙华灿　胡剑双

　　本书编写过程中，江苏省政府研究室、发展和改革委员会、经济和信息化委员会、教育厅、科学技术厅、公安厅、民政厅、财政厅、人力资源和社会保障厅、国土资源厅、交通运输厅、水利厅、农业委员会、商务厅、文化厅、卫生和计划生育委员会、环境保护厅、安全生产监督管理局、统计局、知识产权局、林业局、通信管理局等部门给予了大力支持，并提供相关资料，在此一并致以诚挚的谢意。

前　言

为全面贯彻中央城市工作会议、中央城镇化工作会议精神，深入贯彻习近平总书记系列重要讲话特别是视察江苏重要讲话精神，江苏省委、省政府出台了《关于进一步加强城市规划建设管理工作的实施意见》（苏发〔2016〕35号），要求"动态编制城市发展报告，跟踪分析城市发展状况，为党委、政府科学决策提供依据"。省住房和城乡建设厅已经连续组织编制了全省城市发展报告2014、2015，为持续加强全省城市发展进程监测，认识江苏城市发展规律，组织编制《江苏省城市发展报告2016》。

本报告综合评价了2015年全省城镇化和城乡发展一体化情况，重点关注城市群、特色发展地区发展，强调城市功能品质提升，包括城市环境、风景园林、历史文化保护、绿色生态城区、住房建设、基础设施、公共服务、城市安全和治理等内容；建立全省、市县城市发展指标体系，客观统计分析了经济可持续、社会文明、文化繁荣、宜居城市、城市治理等方面的城市发展相关指标，指出了市县城市发展质量特征。

本报告中的数据基准年为2015年。数据未特别注明的，分别来源于中国统计年鉴、江苏省统计年鉴、江苏省交通统计年鉴、江苏省环境状况公报、江苏省水资源公报、江苏省城市（县城）建设统计年报、江苏省村镇建设统计年报等。

目 录

综合篇 — 1

一、城镇化和城乡发展一体化
1. 城镇化水平和布局不断优化 — 2
2. 城乡发展一体化水平持续提高 — 4
3. 城镇功能品质不断提升 — 6
4. 生态文明建设扎实推进 — 7

二、区域空间发展
1. 城市群 — 8
2. 特色发展地区 — 13
3. 三大区域 — 15

三、城市功能品质
1. 城市环境 — 19
2. 风景园林 — 23
3. 历史文化保护 — 25
4. 绿色生态城区 — 32
5. 住房建设 — 40
6. 基础设施 — 41
7. 公共服务 — 46
8. 城市安全 — 47
9. 城市治理 — 48

指标篇　　　　　　　　　　　　　　　　　　　　　　　　　　49

一、全省城市发展指标　　　　　　　　　　　　　　　　　50

二、设区市城市发展指标

1. 经济可持续　　52
2. 社会文明　　　53
3. 文化繁荣　　　54
4. 宜居城市　　　55
5. 城市治理　　　56

三、县（市）城市发展指标

1. 经济可持续　　57
2. 社会文明　　　59
3. 文化繁荣　　　61
4. 宜居城市　　　63

01 Synthesis

综合篇

◇ 城镇化和城乡发展一体化
◇ 区域空间发展
◇ 城市功能品质

一、城镇化和城乡发展一体化

1. 城镇化水平和布局不断优化

（1）城镇化水平稳步提升

2015年，全省紧紧围绕提高城镇化发展质量，加快转变城镇化发展方式，以人的城镇化为核心，坚持城镇化与新型工业化、信息化、农业现代化、绿色化协同推进，深入探索基于江苏特色的新型城镇化道路。全省城镇化率为66.5%，比上年提高1.3个百分点，高出全国10.4个百分点；全省常住人口7976.30万人，比上年新增16.24万人；城镇人口5305.83万人，比上年新增115.07万人。

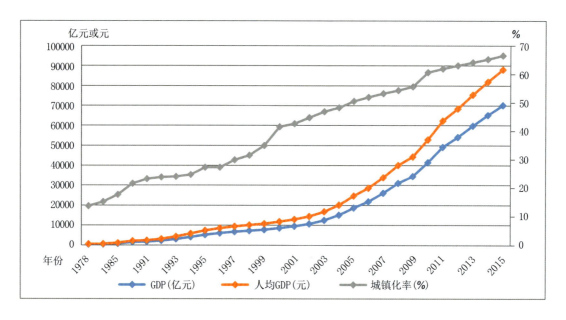

全省城镇化与经济发展总体进程（1978–2015年）

（2）城镇布局不断优化

全省以深化实施省域城镇体系规划为抓手，逐步形成大中小城市和各类城镇协调发展的格局。截至2015年底，全省100万人以上特大城市、大城市13个，50万人-100万人中等城市6个，小城市36个（其中20万人-50万人Ⅰ型小城市31个）。特大城市、大城市人口规模占全省城镇人口比例达到49.37%。全省建制镇（不包含城关镇和纳入城市建设用地范围的镇）共737个，较上年减少3个，镇域平均人口规模为6.63万人，镇区平均人口规模为2.15万人。

全省城镇规模结构变化

	城镇数量（个）		城镇人口			
			数量（万人）		占比（%）	
	2014年	2015年	2014年	2015年	2014年	2015年
特大城市	1	1	599.65	617.82	11.55	11.65
大城市	11	12	1796.59	2001.53	34.61	37.72
中等城市	7	6	498.3	421.45	9.61	7.94
小城市	38	36	1009.8	998.47	19.45	18.82
建制镇	740	737	1286.42	1266.56	24.78	23.87
合计	797	792	5190.76	5305.83	100	100

注：按照《国务院关于调整城市规模划分标准的通知》（国发〔2014〕51号），特大城市城区常住人口500万人以上1000万人以下，大城市城区常住人口100万人以上500万人以下，中等城市城区常住人口50万人以上100万人以下，小城市城区常住人口50万人以下。建制镇不包含城关镇和纳入城市建设用地范围的镇。

数据来源：江苏省城市（县城）建设统计年报、各城市总体规划。

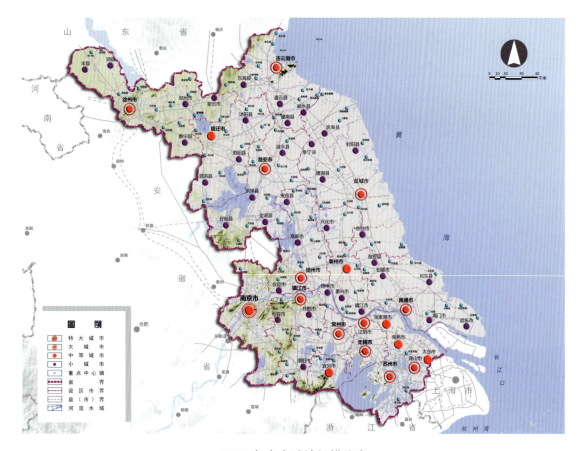

2015年全省城镇规模分布

2. 城乡发展一体化水平持续提高

（1）农业转移人口市民化有序推进

持续推行流动人口居住证制度，截至2015年底，全省13个设区市均已全面部署实施居住证制度，累计发放居住证1930余万张，全面完成集中换发证任务。2015年全省新增转移农村劳动力21万人[1]，全省户籍人口城镇化率为62.1%[2]，常住人口城镇化率与户籍人口城镇化率相差约4.4个百分点。截至2015年底，全省累计转移农村劳动力1875.1万人；办理暂住证的流动人口1730.16万人，其中来自省内的占比32.9%，来自省外的占比67.1%。暂住半年以上的流动人口1265.03万人，其中暂住五年以上的占16.58%[3]。

---

[1] 数据来源：江苏省人力资源和社会保障厅。
[2] 户籍人口城镇化率按城镇户籍人口/户籍总人口计算。
[3] 数据来源：江苏省公安厅。

（2）居民福祉持续改善

城乡居民收入差距进一步缩小。2015年，全省城镇常住居民人均可支配收入37173元，较上年增长8.2%；农村常住居民人均可支配收入16257元，较上年增长8.7%；城乡居民收入比2.29∶1，小于全国平均水平（2.73∶1）。

城乡社会保障体系建设水平不断提升。2015年，全省城乡基本养老、城镇基本医疗、失业、工伤和生育保险参保人数分别达到5383.3万人、4014.3万人、1490.9万人、1594.1万人和1471.7万人，城乡基本养老、基本医疗和失业保险覆盖率达到97%以上。全省75%的统筹地区实现省内异地就医联网结算，87%的统筹地区开展医保智能监控试点工作。推进基本医疗保险制度城乡统筹，全省有35个统筹地区实现了城乡居民医保制度整合。①

（3）城乡基础设施统筹完善

推动城乡统筹区域供水工程，2015年，全省城乡统筹区域供水乡镇覆盖率达到97%。全力推进建制镇生活污水处理设施建设，建制镇污水处理设施覆盖率达到90.4%。不断提高环卫行业发展质量和水平，在全国率先建立了"组保洁、村收集、镇转运、市县集中处理"的农村垃圾城乡统筹处理体系，生活垃圾无害化处理能力达6.13万吨／日，城市（县城）生活垃圾无害化处理率达到99.74%，镇村生活垃圾集中收运率超过80%。

（4）城乡一体公共服务体系不断健全

完善乡村医疗服务设施，截至2015年底，全省共设乡镇卫生院1033个，床位5.64万张，卫生人员7.47万人（其中卫生技术人员6.27万人）。与上年相比，乡镇卫生院减少11个（区划调整及乡镇撤并），床位增加845张，卫生人员增加2337人，病床使用率较上年提高1.88个百分点。全省共设1.54万个村卫生室，乡村医生3.30万人。②

按照基本公共服务均等化要求，完善"15分钟人力资源社会保障服务圈"功能，推动农民工平等享受城镇基本公共服务，促进农民工社会融合。以新生代农民工为重点，围绕农民

---

① 数据来源：江苏省人力资源和社会保障厅。
② 数据来源：2015年江苏省卫生和计划生育事业发展统计公报。

工在工作和生活中的实际需求,积极推动农民工综合服务中心建设,为农民工提供就业信息、职业培训、社会保险经办、法律援助、医疗和子女教育、党团组织管理、文化娱乐等基本公共服务,全力打造让农民工满意的公共服务品牌。截至 2015 年底,全省共建立农民工综合服务中心 662 家,其中示范农民工综合服务中心 86 家,在农民工输入集中的市县基本实现了全覆盖[①]。

3. 城镇功能品质不断提升

(1) 城市宜居环境质量持续提升

江苏积极构建历史文化名城、名镇、名村保护体系,是保有国家级历史文化名城名镇最多的省份,其中苏州被住房和城乡建设部命名为全国唯一的国家历史文化名城保护示范区。推进城市空间特色体系规划从设区市向县(市)覆盖,引导城市空间特色塑造。提高园林绿化建设水平,全省城市(县城)建成区绿化覆盖率、绿地率分别达到 42.59%、39.31%,人均公园绿地面积达 14.16 平方米,城市公园免费开放率达到 85% 以上,公园绿地服务半径覆盖率达到 70% 以上。积极推进"城镇环境综合整治 931 行动",截至 2015 年底,累计实施城市环境整治项目 5.28 万个。推动居住条件改善,2015 年,全省保障性安居工程基本建成 31.8 万套、新开工 29.2 万套,全省累计共实施保障性安居工程 160 万套。全省城镇保障性住房覆盖率达到 20% 以上,住房保障体系健全率达到 91.34%。

(2) 镇村建设面貌显著改善

着力加强重点镇规划建设。2015 年组织开展 10 个综合规划建设示范镇规划设计及实施,实施苏北地区重点中心镇建设工程及临海城镇培育工程,制定《苏北地区重点中心镇建设工程验收标准》,并从空间布局优化、镇容镇貌改善、公共服务配套、绿化景观提升、地域文化传承、城镇规范管理等方面推进临海城镇建设发展。

全力实施"村庄环境整治行动",截至 2015 年底,全省累计完成了 18.9 万个自然村的整治任务,村庄整治实现全覆盖。着力实施美丽乡村建设示范,确定 150 个美丽乡村建设示

---

① 数据来源:江苏省人力资源和社会保障厅。

范村庄,并重点建设11个特色样板示范村庄。加大中国传统村落保护力度,开展传统村落调查、建立省级传统村落名录、加强传统村落保护。

(3) 城市基础设施不断完善

推动全省实施供水水质提升工程,全省自来水深度处理能力占供水总能力的40%,比例全国省份最高;全省96%以上的市、县建成第二水源、应急备用水源或实现水源互备。不断完善城市轨道交通设施,截至2015年,全省获批建设轨道交通的设区市达7个,列全国第一;已有14条城市轨道交通线路投入运营,总里程399.4公里。积极转变城市建设理念,加快推进海绵城市和地下综合管廊建设,镇江市、苏州市分别入围国家首批海绵城市和综合管廊建设试点。

4. 生态文明建设扎实推进

(1) 环境质量持续改善

2015年,全省PM2.5年均浓度较上年下降12.1%;全省地表水水质达到或优于Ⅲ类的断面比例较上年增加2.4个百分点;太湖总体处于轻度富营养状态,太湖湖体综合营养状态指数为56.1[1]。污染物排放总量不断削减,2015年全省化学需氧量、氨氮、二氧化硫、氮氧化物排放总量分别为105.46万吨、13.77万吨、83.51万吨、106.76万吨,较上年分别削减4.1%、3.4%、7.7%、13.4%。

(2) 节约型城乡建设深入推进

2015年,全省单位GDP能耗较上年下降6.73%[2];全省单位城镇建设用地二、三产增加值为7.33亿元/平方公里[3],较上年提高5.32%;全省水资源利用总量和万元GDP用水量分别为460.6亿立方米和65.7立方米,较上年分别降低4.2%和11.0%;新增节能建筑1.75亿平方米,新增绿色建筑5139万平方米,全省节能建筑占城镇建筑的比例达到52%。

---

[1] 数据来源:江苏省环境状况公报。
[2] 数据来源:国家统计局、国家发改委、国家能源局2015年分省(区、市)万元地区生产总值能耗降低率等指标公报。
[3] 本报告中所有涉及单位城镇建设用地二、三产增加值的计算中,城镇建设用地包括城市、建制镇和交通运输用地(不包括农村道路)。

二、区域空间发展

1. 城市群

全省城市群集聚发展态势良好,形成以都市圈、城市(镇)带(轴)为主体的城镇化空间格局。南京都市圈、苏锡常都市圈、沿江城市带城镇发展较好,经济、人口要素集聚强,徐州都市圈、沿海城镇轴、沿东陇海城镇轴城镇建设稳步推进。

(1)都市圈地区

2015年三大都市圈以占全省48.94%的土地面积集聚了74.40%的GDP和65.17%的城镇人口,城镇化率达到70.62%。

① 南京都市圈

2015年,南京都市圈[1]GDP比上年增长9.36%,增速高于徐州都市圈、苏锡常都市圈,人均GDP达到10.53万元;三次产业呈现"三二一"结构,三产比例达到51.86%,与上年相比,一产、二产比例呈下降趋势;一般公共预算收入比上年增长12.42%;城镇化率为72.12%,比上年增长1.02个百分点;城镇人口为1217.38万人,与上年相比,吸纳了全省17.09%的新增城镇人口;暂住人口[2]262.60万人,占常住人口比重为15.56%,集聚了全省20.76%的暂住人口;单位城镇建设用地二、三产增加值达到8.08亿元/平方公里。南京都市圈GDP占全省比重为25.35%,常住人口占比为21.16%,城镇人口占比为22.94%,城乡建设用地占比为20.33%。南京市区以占整个都市圈[3]14.8%的土地承载了42.44%的GDP,集聚了37.49%的城镇人口,普通高等学校、卫生机构床位、卫生技术人员数量分别占都市圈的61.97%、36.13%、40.55%。

---

[1] 南京都市圈,省内范围包括南京市、扬州市、镇江市以及所辖县(市)、盱眙县、金湖县,省外统筹协调范围包括安徽省的马鞍山市、滁州市、芜湖市以及所辖县(市)。本报告中统计范围为省内范围。
[2] 此处及下文中暂住人口指暂住半年以上人口。
[3] 南京市区在整个都市圈的相关占比数据,统计范围包括了都市圈省内、省外范围。

南京都市圈继续推进区域协同发展，完善城市联席会议制度。出台了《健全南京都市圈协同发展机制改革实施方案》，提出开展宁和城际轨道一期建设，推进宁句、宁扬城际轨道前期方案研究；创新宁镇扬社会管理体系，联合推出公共交通卡、旅游年卡、博物馆参观卡、图书馆借书卡等宁镇扬"一卡通"；推进居民健康档案、电子病历和预约挂号等信息互联互通，探索都市圈居民医保跨省即时结算；建立区域大气环境信息共享与发布常态制度，建立长江水源地保护突发水污染事件应急通报制度，加强都市圈跨界污染联防联治、联合执法。召开了南京都市圈城市发展联盟成员城市工作会议，推进《南京都市圈党政领导联席会议方案》协商、《南京都市圈城乡空间协同规划》会签等工作。召开了都市圈城乡规划、农业等专业协调委员会工作会议，建立都市圈内各市县城乡规划协同推进的工作机制，深化南京都市圈内各城市间的规划协调，商讨共同建立南京都市圈农业信息共享平台。召开了南京都市圈防震减灾区域联防协调会，南京市地震局印发了《关于南京都市圈地震数据共享平台正式运行的通知》，共同维护地震数据共享平台。加强推动宁镇扬一体化发展，开展宁镇一体化规划研究，提出跨界空间融合和交通等基础设施一体化方案；促进重点跨界发展区域共建，编制完成仙林—宝华、龙潭—下蜀、汤山—句容、湖熟—郭庄等地区发展协调规划。

② 徐州都市圈

2015年，徐州都市圈 GDP 比上年增长 7.78%，人均 GDP 达到 5.94 万元，低于全省平均水平（8.80 万元），三次产业结构中三产比例首次高于二产比例；一般公共预算收入比上年增长 12.31%；城镇化率为 60.95%，比上年增长 1.67 个百分点；城镇人口为 625.02 万人，户籍人口数量高于常住人口，整体呈现人口流出趋势，暂住人口 37.54 万人，占常住人口比重为 3.66%；单位城镇建设用地二、三产增加值达到 6.05 亿元／平方公里。徐州都市圈 GDP 占全省比重为 8.69%，常住人口占比为 12.86%，城镇人口占比为 11.78%，城乡建设用地占比为 13.01%。徐州市区以占整个都市圈 8.77% 的土地承载了 26.61% 的 GDP，集聚了 20.12% 的城镇人口；普通高等学校、卫生机构床位、卫生技术人员数量分别占都市圈的 42.86%、23.72%、21.60%。

---

① 徐州都市圈，省内范围包括徐州市以及所辖县（市）、宿迁市区，省外统筹协调范围包括安徽省的淮北市、宿州市以及所辖县（市）、山东省的枣庄市以及所辖县（市）、微山县、河南省永城市。本报告中统计范围为省内范围。
② 徐州市区在整个都市圈的相关占比数据，统计范围包括了都市圈省内、省外范围。

都市圈城际合作继续推进。召开了第六届淮海经济区核心区城市市长会议，徐州、淮北、济宁、连云港、宿迁、宿州、商丘、枣庄八市共同签署了合作协议，加快推进萧县－泉山工业园等共建产业转移示范园区和产业创新平台建设，推进淮北杜集区与徐州铜山区、泉山区在杜集区段园镇开展园区合作共建工作；拓展区域商贸物流等经贸合作，积极支持举办中国（连云港）丝绸之路国际物流博览会、中国（徐州）国际工程机械交易会。开展了新农合跨省、市异地就医联网管理工作联合检查，规范新农合基金使用，保障跨省、市优质医疗资源共享共用。2015 年，安徽省宿州市新农合基金一半以上用在了徐州市，徐州市儿童医院的外省患儿数量占到全部住院患儿数量的 31.7%。跨省综合交通衔接方面，继续实施徐明高速、泗许高速等断头路打通工程。徐州市、济宁市签署了《苏鲁边界微山湖地区由平安稳定向文明富裕发展共建协议》，加强微山湖湖区治安综合协作。

③ 苏锡常都市圈

2015 年，苏锡常都市圈①GDP 比上年增长 5.31%，人均 GDP 达到 12.96 万元；三次产业呈现"三二一"结构，三产比例达到 49.61%，与上年相比，一产、二产比例呈下降趋势；一般公共预算收入比上年增长 7.99%；城镇化率为 73.99%，比上年增长 0.99 个百分点；城镇人口为 1615.17 万人，与上年相比，吸纳了全省 20.48% 的新增城镇人口；暂住人口 789.62 万人，占常住人口比重为 36.17%，集聚了全省 62.42% 的暂住人口，保持了较强的经济就业吸引；单位城镇建设用地二、三产增加值达到 8.57 亿元／平方公里。苏锡常都市圈 GDP 占全省比重为 40.36%，常住人口占比为 27.37%，城镇人口占比为 30.44%，城乡建设用地占比为 25.16%。苏州、无锡、常州市区 GDP 占都市圈比重达到 57.89%，常住人口占比为 59.80%；县域经济发达，昆山、江阴、张家港、常熟、宜兴、太仓的 GDP 位列全省县（市）前六位。

都市圈城市在区域旅游联动、跨省际协调方面积极开展合作。苏州、无锡、常州、湖州四市联合成立中国环太湖城市旅游推广联盟，整合环太湖城市旅游资源，共同开发推广环太湖精品旅游线路，联合举办旅游节庆活动，共同构建太湖整体旅游品牌形象。加强与上海的产学研合作，加快推进昆山、太仓与上海产业共建园区建设，苏州、昆山、太仓与上海高校、研究机构共建研究基地。开展苏昆沪市域快线前期工作，与上海轨道交通 11 号线花桥站衔接，推动跨省（市）城市轨道交通联通。昆山与上海青浦区建立了边界水事联动执法及联席会议制度、与嘉定区建立了区域联防联动定期例会机制。

---

① 苏锡常都市圈范围包括苏州市、无锡市、常州市以及三市所辖县（市）。

2015年都市圈地区主要指标

		南京都市圈	徐州都市圈	苏锡常都市圈
GDP（亿元）		17776.75	6092.38	28295.48
人均GDP（万元）		10.53	5.94	12.96
三次产业结构	一产比例（%）	3.88	9.40	1.77
	二产比例（%）	44.26	45.19	48.62
	三产比例（%）	51.86	45.41	49.61
城镇化率（%）		72.12	60.95	73.99
城镇人口（万人）		1217.38	625.02	1615.17
暂住人口（万人）*		262.60	37.54	789.62
农业劳动生产率（万元/人）		5.10	3.17	6.93
一般公共预算收入（亿元）		1718.52	629.33	2857.04
单位城镇建设用地二、三产增加值（亿元/平方公里）		8.08	6.05	8.57

注 *：暂住人口指暂住半年以上人口，根据江苏省公安厅相关数据计算。下文其他表格中暂住人口同本表。

（2）带轴地区

① 沿江城市带

2015年，沿江城市带[1] GDP比上年增长7.18%，人均GDP达到11.54万元；三次产业呈现"三二一"结构，三产比例达到50.19%；一般公共预算收入比上年增长10.26%；城镇化率为72.91%，比上年增长1.12个百分点；城镇人口为3200.94万人，与上年相比，吸纳了全省45.13%的新增城镇人口；暂住人口1118.6万人，占常住人口比重为25.48%，集聚了全省

---

[1] 沿江城市带范围为南京市（除高淳区）、无锡市区、江阴、常州市区（除金坛区）、苏州市区、常熟、张家港、昆山、太仓、南通市区、海安、如东、启东、如皋、海门、扬州市区、仪征、镇江市区、丹阳、扬中、句容、泰州市区、靖江、泰兴。

88.42%的暂住人口；单位城镇建设用地二、三产增加值达到8.73亿元/平方公里。沿江城市带GDP占全省比重为72.24%，常住人口占比为55.04%，城镇人口占比为60.33%，城乡建设用地占比为51.55%。沿江城市带经济发展水平和城镇化水平远高于沿海、沿东陇海城镇轴，对全省的经济贡献、人口吸纳占比高，大、中城市发展快，集聚了1个特大城市、8个大城市、4个中等城市、11个小城市，特大城市和大城市人口占城镇人口的比例为63.34%。

② 沿海城镇轴

2015年，沿海城镇轴[1] GDP比上年增长9.32%，在带轴地区增速最快，人均GDP达到6.59万元，低于全省平均水平（8.80万元），三次产业结构以二产为主导，一般公共预算收入比上年增长13.43%；城镇化率为60.81%，比上年增长1.6个百分点；城镇人口为1155.48万人，与上年相比，吸纳了全省27.91%的新增城镇人口；暂住人口125.52万人，占常住人口比重为6.61%；单位城镇建设用地二、三产增加值达到6.6亿元/平方公里。沿海城镇轴GDP占全省比重为17.86%，常住人口占比为23.82%，城镇人口占比为21.78%，城乡建设用地占比为26.68%。该地区有大城市3个，小城市14个，大城市、小城市人口规模占城镇人口的比例分别为36.08%、33.36%。

③ 沿东陇海城镇轴

2015年，沿东陇海城镇轴[2] GDP比上年增长8.35%，人均GDP达到5.46万元，低于全省平均水平，三次产业结构以二产为主导，一般公共预算收入比上年增长12.04%；城镇化率为59.62%，比上年增长1.64个百分点；城镇人口为970万人，与上年相比，吸纳了全省27.83%的新增城镇人口；暂住人口52万人，占常住人口比重为3.2%；单位城镇建设用地二、三产增加值达到5.3亿元/平方公里。沿东陇海城镇轴GDP占全省比重为12.67%，常住人口占比为20.40%，城镇人口占比为18.28%，城乡建设用地占比为20.73%。该地区有大城市2个，中等城市1个，小城市9个，大城市、中小城市人口规模占城镇人口比例分别为31.89%、36.12%。

---

① 沿海城镇轴范围为南通市区、海安、如东、启东、如皋、海门、盐城市区、响水、滨海、阜宁、射阳、建湖、东台、连云港市区、东海、灌云、灌南。
② 沿东陇海城镇轴范围为徐州市区、丰县、沛县、睢宁、新沂、邳州、宿迁市区、沭阳、连云港市区、东海、灌云、灌南。

2015 年带轴地区主要指标

		沿江城市带	沿海城镇轴	沿东陇海城镇轴
GDP（亿元）		50648.79	12521.54	8883.15
人均 GDP（万元）		11.54	6.59	5.46
三次产业结构	一产比例（%）	2.54	9.22	10.55
	二产比例（%）	47.27	46.80	45.09
	三产比例（%）	50.19	43.98	44.36
城镇化率（%）		72.91	60.81	59.62
城镇人口（万人）		3200.94	1155.48	970.00
暂住人口（万人）		1118.60	125.52	52.00
农业劳动生产率（万元/人）		4.77	3.97	3.20
一般公共预算收入（亿元）		5129.41	1394.91	992.85
单位城镇建设用地二、三产增加值（亿元/平方公里）		8.73	6.60	5.30

2. 特色发展地区

（1）苏南丘陵地区

2015 年，苏南丘陵地区[①] GDP 比上年增长 6.68%，人均 GDP 为 10.34 万元，一般公共预算收入比上年增长 9.93%；城镇化率为 61.47%，比上年增长 1.06 个百分点；城镇人口为 185.14 万人；暂住人口 31.32 万人，占常住人口比重为 10.4%；农业劳动生产率 5.14 万元/人，高于全省平均水平（4.55 万元/人），单位城镇建设用地二、三产增加值达到 7.25 亿元/平方公里。苏南丘陵地区 GDP 占全省比重为 4.44%，常住人口占比为 3.78%，城镇人口占比为 3.49%，城乡建设用地占比为 4.19%。

---

① 苏南丘陵地区范围为宜兴、溧阳、常州市金坛区、南京市高淳区。

（2）苏北苏中水乡地区

2015 年，苏北苏中水乡地区 GDP 比上年增长 10.25%，高于全省平均水平（7.72%），人均 GDP 为 5.43 万元，一般公共预算收入比上年增长 13.05%；城镇化率为 55.23%，低于全国平均水平（56.10%），比上年增长 1.56 个百分点；城镇人口为 516.32 万人；暂住人口 23.26 万人，占常住人口比重为 2.49%；农业劳动生产率 3.87 万元/人，单位城镇建设用地二、三产增加值达到 5.2 亿元/平方公里。苏北苏中水乡地区 GDP 占全省比重为 7.24%，常住人口占比为 11.72%，城镇人口占比为 9.73%，城乡建设用地占比为 13.04%。

2015 年特色发展地区主要指标

		苏南丘陵地区	苏北苏中水乡地区
GDP（亿元）		3113.80	5077.93
人均 GDP（万元）		10.34	5.43
三次产业结构	一产比例（%）	5.36	12.63
	二产比例（%）	50.55	43.42
	三产比例（%）	44.09	43.95
城镇化率（%）		61.47	55.23
城镇人口（万人）		185.14	516.32
暂住人口（万人）		31.32	23.26
农业劳动生产率（万元/人）		5.14	3.87
一般公共预算收入（亿元）		224.88	520.16
单位城镇建设用地二、三产增加值（亿元/平方公里）		7.25	5.20

---

① 苏北苏中水乡地区范围为淮安市区、涟水、洪泽、盱眙、金湖、泗阳、泗洪、宝应、高邮、兴化。

全省区域空间格局

3. 三大区域

（1）人口城镇化

2015年，苏南、苏中、苏北地区城镇化率分别为75.2%、62.4%、59.1%。苏北、苏中地区城镇化率增长较快，与上年相比分别增长了1.6、1.5个百分点；苏南地区增长0.9个百分点。苏南、苏中、苏北地区常住人口占全省比重分别为41.68%、20.59%、37.73%，城镇人口占全省比重分别为47.13%、19.33%、33.54%，城镇人口比上年分别增长33.84、25.29、53.84万人。

苏南地区保持了较强的经济就业吸引，集聚了全省80.54%的暂住人口，暂住人口占常住人口比例达到30.65%，比上年增长94.44万人。苏中、苏北地区分别集聚了全省10.69%、8.77%的暂住人口，暂住人口比上年分别增长17.93、7.21万人。城乡居民收入比苏中地区最高，其次为苏南、苏北地区。

苏南地区有特大城市 1 个、大城市 6 个，中等城市 4 个，小城市 4 个，68.77% 的城镇人口集中于特大城市、大城市。苏中地区有大城市 2 个，中等城市 1 个，小城市 11 个，大城市、中小城市人口规模占城镇人口比例分别为 30.1%、39.69%。苏北地区有大城市 4 个，中等城市 1 个，小城市 21 个，大城市、中小城市人口规模占城镇人口比例分别为 33.28%、36.77%。

2015 年分区域人口城镇化相关指标

	苏南	苏中	苏北
城镇化率（%）	75.2	62.4	59.1
城镇人口（万人）	2499.71	1024.93	1778.73
暂住人口（万人）	1018.81	135.29	110.93
暂住人口占常住人口比例（%）	30.65	8.24	3.69
城乡居民收入比*	2.03	2.06	1.90

注*：城乡居民收入比按城镇常住居民人均可支配收入/农村常住居民人均可支配收入计算，以农村常住居民人均可支配收入为 1，下文其他表格中城乡居民收入比同本表。

（2）经济发展

2015 年，苏南、苏中、苏北地区 GDP 比上年分别增长 6.62%、8.90%、9.32%，人均 GDP 分别为 12.50、8.44、5.51 万元，比上年分别增长 6.38%、8.90%、8.89%，苏北地区人均 GDP 不及苏南的 1/2，有待进一步缩小地域差距。2015 年，苏南、苏中、苏北地区 GDP 占全省比重分别为 57.71%、19.26%、23.03%。苏南地区三次产业呈现"三二一"结构，其中三产比例达到 51.18%，苏中、苏北地区为"二三一"结构。与上年相比较，三大区域都呈现一产、二产比例下降，三产比例上升的趋势。高新技术企业产值占规模以上工业总产值比重，苏中与苏南地区接近，苏北与苏中、苏南地区差距较大。苏南、苏中、苏北地区一般公共预算收入分别比上年增长 9.22%、13.87%、12.88%，人均一般公共预算收入分别为 1.26、0.78、0.63 万元。

2015 年分区域经济发展相关指标

		苏南	苏中	苏北
GDP（亿元）		41518.70	13853.14	16564.30
人均 GDP（万元）		12.50	8.44	5.51
三次产业结构	一产比例（%）	2.08	5.89	11.29
	二产比例（%）	46.74	49.09	44.95
	三产比例（%）	51.18	45.02	43.76
高新技术企业产值占规模以上工业总产值比重（%）		45.86	43.26	31.27
农业劳动生产率（万元／人）		6.11	3.91	3.56
一般公共预算收入（亿元）		4179.92	1278.95	1885.93

（3）资源环境

2015 年，单位城镇建设用地二、三产增加值、城镇污水处理率等指标，苏南地区优于苏中、苏北地区。空气质量达到二级标准的天数比例、地表水好于Ⅲ类水质的比例、林木覆盖率等指标，苏北地区优于苏中、苏南地区。城乡建设用地占全省比重，苏南、苏中、苏北地区分别为 37.43%、21.60%、40.96%。

2015 年分区域资源环境相关指标

	苏南	苏中	苏北
单位城镇建设用地二、三产增加值（亿元／平方公里）	8.57	8.43	5.37
空气质量达到二级标准的天数比例（%）	64.8	67.9	68.1
地表水好于Ⅲ类水质的比例（%）	58.4	66.7	68.1
城镇污水处理率（%）	92.2	87.0	77.6
林木覆盖率（%）	25.5	23.1	27.2

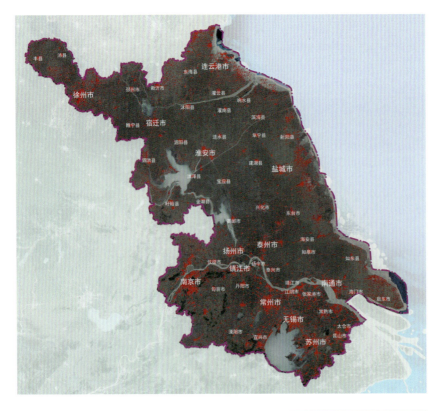

2015 年全省城镇空间分布

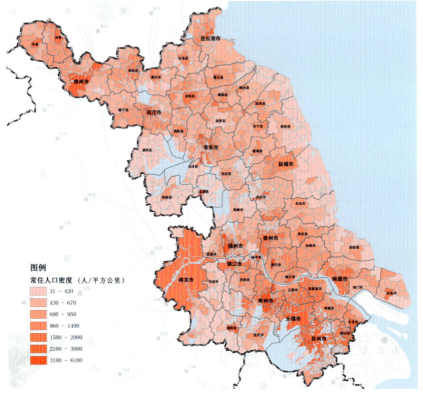

2015 年全省人口密度分布

注：人口密度按常住人口/行政区域面积计，其中镇常住人口数据来源于《江苏省统计年鉴 2016》，镇边界根据相关研究报告获取。

三、城市功能品质

1. 城市环境

2015年,全省共整治完成"九整治"项目3244个,完成率达99.75%;"三规范"项目12206个,完成率达99.98%,55个市、县(市)中有53个100%完成整治任务[①]。全省共完成整治城郊结合部246片、城中村305个、棚户区205个、老旧小区431个、背街小巷832条、城市河道277条、低洼易淹易涝片区214片、建设工地542个、农贸市场192个;新增经营疏导点215处、公共停车设施490处,整治户外广告11501处。通过整治,全省共清理垃圾杂物约2.78万处,拆除违法建筑25.8万平方米,新建改造道路长度363.82万米,新增绿化面积49.7万平方米,出新建筑立面70万平方米,河道清淤8.83万立方米,铺设雨污水管网14.47万米,新改建公厕460座,更新垃圾箱(房)6302座,配套路灯约1.96万盏,新增休憩娱乐设施197处,增加机动车停车泊位8.76万个,城市环境薄弱地段脏乱差问题得到有效解决,市容面貌明显改善,城市人居环境质量进一步提升。

截至2015年底,全省累计已有4个城市获得联合国人居环境奖、9个项目获得迪拜国际改善居住环境最佳范例奖;共有13个城市、51个项目获得中国人居环境奖或范例奖,创建工作力度和成效在全国名列前茅。

---

① 从2013年起,全省开展以"九整治、三规范、一提升"(简称"931"行动)为主要内容的城市环境综合整治行动,"九整治"包括整治城郊结合部、整治城中村、整治棚户区、整治老旧小区、整治背街小巷、整治城市河道环境、整治低洼易淹易涝片区、整治建设工地、整治农贸市场;"三规范"包括规范占道经营、规范车辆停放、规范户外广告设置;"一提升"指提升城市长效管理水平。

全省人居奖获奖城市（项目）名录

类别	序号	获奖城市或项目	获奖时间（年）
联合国人居环境奖	1	扬州市	2006
	2	张家港市	2008
	3	南京市（特别奖）	2008
	4	昆山市	2010
迪拜国际改善居住环境最佳范例奖	1	张家港市整体环境改善项目	1996
	2	江苏省昆山市周庄镇古镇保护	2000
	3	江苏南京月牙湖小康住宅示范居住区	
	4	江苏省苏州市古城保护和改造项目	2002
	5	江苏省常熟市农村安全供水工程	2006
	6	江苏省常熟市尚湖生态修复工程	
	7	江苏省常熟市沙家浜生态环境建设	2010
	8	江苏省可再生能源在建筑上的推广应用项目	2012
	9	江苏省苏州市同里古镇保护工程	
中国人居环境奖	—	扬州市（2003）、张家港市（2005）、昆山市（2007）、南京市（2008）、无锡市（2010）、吴江市（2010）、江阴市（2011）、常熟市（2011）、太仓市（2012）、镇江市（2013）、宜兴市（2013）、常州市（2015）、宿迁市（2015）	—
中国人居环境范例奖	1	苏州市古城保护与更新	2000
	2	常熟市城市绿化及生态环境建设	2001
	3	张家港市城市环境建设与管理	
	4	常州市水环境治理工程	2002
	5	常州市旧住宅小区综合整治工程	2003
	6	南京市明城墙保护项目	

续表

类别	序号	获奖城市或项目	获奖时间（年）
中国人居环境范例奖	7	吴江市松陵城区水环境综合整治工程	
	8	南通市濠河综合整治与历史风貌保护工程	2004
	9	张家港市塘桥镇规划建设管理	
	10	江苏省常熟市海虞镇小城镇建设项目	2005
	11	江苏省吴江市同里古镇保护工程	
	12-17	扬州市、南通市、无锡市、吴江市、常熟市、张家港市	2006（水环境治理优秀范例城市）
	18	常熟市梅李镇规划建设管理项目	2007
	19	南京市南湖片区社区公共管理与服务项目	
	20	淮安市中心城区物业管理与社区服务	
	21	江阴市申港镇人居环境建设	2008
	22	常熟市沙家浜生态环境建设	
	23	常州市公园绿地建设管理体制创新项目	2009
	24	镇江市西津渡历史文化街区保护与更新项目	
	25	江苏省可再生能源在江苏建筑上的推广应用项目	
	26	江苏省昆山市锦溪镇古镇保护项目	2010
	27	江苏省宜兴市官林镇规划建设管理项目	
	28	江苏省太仓市居民住房改善项目	
	29	江苏省推进节约型城乡建设实践项目	
	30	昆山市花桥生态保护及城市绿化建设项目	
	31	常熟市古里镇小城镇建设项目	2011
	32	苏州市吴中区旺山村新农村建设项目	
	33	扬州市城市管理与体制创新项目	

续表

类别	序号	获奖城市或项目	获奖时间（年）
中国人居环境范例奖	34	江苏省城乡统筹区域供水规划及实施项目	2012
	35	江苏省金坛市宜居工程建设项目	
	36	江苏省昆山市巴城镇生态宜居工程建设项目	
	37	江苏省宜兴市周铁镇小城镇建设项目	
	38	常熟市碧溪新区城乡统筹垃圾处理与资源化利用	2013
	39	昆山市陆家镇人居环境建设	
	40	江阴市新桥镇新型社区建设项目	
	41	宿迁市幸福新城危旧片区改造示范工程	
	42	淮安市古淮河环境治理工程	
	43	江苏省村庄环境整治苏南实践项目	
	44	江苏省徐州市云龙湖风景名胜区生态景观修复工程	2014
	45	江苏省常州市数字化城市管理项目	
	46	江苏省常熟市虞山镇历史文化遗产保护项目	
	47	江苏省太仓市沙溪镇特色小城镇建设项目	
	48	江苏省南京市滨江带建设工程	2015
	49	江苏省南京市高淳区桠溪国际慢城建设项目	
	50	江苏省徐州市九里湖采煤塌陷区生态修复项目	
	51	江苏省太仓市浏河镇特色小城镇建设项目	

资料来源：江苏省住房和城乡建设厅。

2. 风景园林

2015 年，全省城市（县城）绿化覆盖面积为 3522.87 平方公里，其中建成区绿化覆盖面积为 2068.66 平方公里，建成区绿化覆盖率为 42.59%。城市（县城）园林绿地面积为 3108.48 平方公里，其中建成区园林绿地面积为 1909.21 平方公里，建成区绿地率为 39.31%。

2015 年，全省城市（县城）公园绿地面积为 511.9 平方公里，其中公园面积为 293.7 平方公里，公园数量为 1120 个，人均公园绿地面积为 14.16 平方米。

2015 年分市公园绿地建设情况

设区市	建成区绿化覆盖率(%)	建成区绿地率(%)	人均公园绿地面积(平方米)	公园数量(个)	公园面积(公顷)
南京市	44.47	40.35	15.10	127	7122.00
无锡市	42.92	39.75	14.93	87	5353.05
徐州市	42.78	39.98	13.81	109	3011.05
常州市	43.04	39.01	13.73	46	1217.30
苏州市	43.08	39.26	15.31	319	4070.63
南通市	42.05	39.39	14.51	75	1162.18
连云港市	40.24	37.40	13.16	39	987.30
淮安市	41.27	38.52	13.17	25	713.60
盐城市	41.08	38.09	13.03	107	2303.69
扬州市	42.80	40.13	15.18	22	503.60
镇江市	42.13	39.55	15.18	38	898.22
泰州市	41.36	37.86	10.66	48	715.90
宿迁市	41.90	39.24	12.61	78	1311.54

截至 2015 年底,全省省级以上风景名胜区为 22 个,总面积约 1755.11 平方公里,其中,国家级风景名胜区 5 个,总面积约 1115.98 平方公里,省级风景名胜区 17 个,总面积约 639.13 平方公里。

2015 年全省省级以上风景名胜区名录

序号	级别	地区	名称	面积（平方公里）
1	国家级	南京市	钟山风景名胜区	35.04
2		无锡市、苏州市	太湖风景名胜区	888.00
3		连云港市	云台山风景名胜区	167.38
4		扬州市	蜀冈—瘦西湖风景名胜区	8.33
5		镇江市	三山风景名胜区	17.23
6	省级	南京市	雨花台风景名胜区	1.29
7			夫子庙—秦淮风光带风景名胜区	3.14
8			马陵山风景名胜区	28.41
9		徐州市	云龙湖风景名胜区	44.70
10			艾山风景名胜区	23.50
11		苏州市	虎丘山风景名胜区	0.73
12			枫桥风景名胜区	0.14
13		南通市	狼山风景名胜区	5.58
14			濠河风景名胜区	2.09
15		淮安市	第一山风景名胜区	12.98
16		盐城市	九龙口风景名胜区	39.95
17		镇江市	南山风景名胜区	13.14
18			九龙山风景名胜区	21.80
19		镇江市、常州市	茅山风景名胜区	35.20
20		泰州市	溱湖风景名胜区	25.50
21		宿迁市	骆马湖—三台山风景名胜区	331.08
22			古黄河—运河风光带风景名胜区	49.90

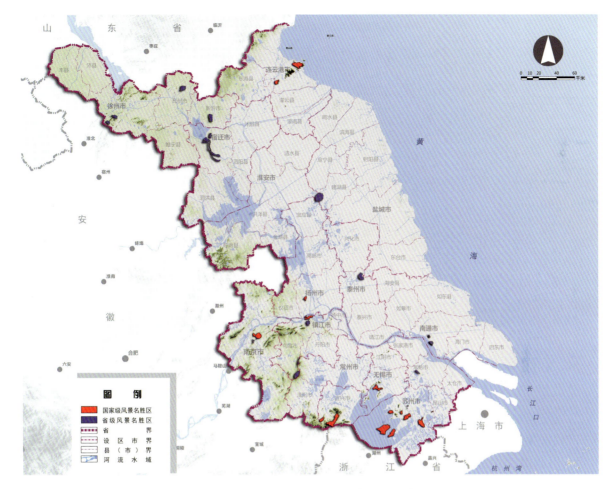

2015年全省省级以上风景名胜区分布

3. 历史文化保护

　　截至 2015 年底，全省拥有国家历史文化名城 12 座，省级历史文化名城 4 座；中国历史文化名镇 27 座，省级历史文化名镇 6 座；中国历史文化名村 10 个，省级历史文化名村 3 个，中国传统村落 26 个；省级历史文化保护区 1 处。江苏是保有国家历史文化名城、中国历史文化名镇最多的省份。

全省历史文化名城一览表

	序号	名称	公布时间（年）
国家历史文化名城（12座）	1	南京	1982
	2	苏州	
	3	扬州	
	4	镇江	1986
	5	常熟	
	6	徐州	
	7	淮安	
	8	无锡	2007
	9	南通	2009
	10	宜兴	2011
	11	泰州	2013
	12	常州	2015
省级历史文化名城（4座）	1	高邮	1995
	2	江阴	2001
	3	兴化	
	4	如皋	2012

资料来源：江苏省住房和城乡建设厅。

全省历史文化名镇一览表

序号	地区	名称	称号	公布时间（年）
1	南京市	淳溪镇（高淳区）	中国历史文化名镇	2007
2	无锡市	荡口镇（锡山区）	中国历史文化名镇	2010
3		长泾镇（江阴市）	中国历史文化名镇	2010
4		周铁镇（宜兴市）	中国历史文化名镇	2014

续表

序号	地区	名称	称号	公布时间（年）
5	徐州市	窑湾镇（新沂市）	省级历史文化名镇	2009
6	常州市	孟河镇（新北区）	中国历史文化名镇	2014
7		周庄镇（昆山市）	中国历史文化名镇	2003
8		同里镇（吴江区）	中国历史文化名镇	2003
9		甪直镇（吴中区）	中国历史文化名镇	2003
10		沙溪镇（太仓市）	中国历史文化名镇	2005
11		木渎镇（吴中区）	中国历史文化名镇	2005
12		千灯镇（昆山市）	中国历史文化名镇	2007
13		锦溪镇（昆山市）	中国历史文化名镇	2008
14	苏州市	沙家浜镇（常熟市）	中国历史文化名镇	2008
15		东山镇（吴中区）	中国历史文化名镇	2010
16		凤凰镇（张家港市）	中国历史文化名镇	2010
17		黎里镇（吴江区）	中国历史文化名镇	2014
18		震泽镇（吴江区）	中国历史文化名镇	2014
19		古里镇（常熟市）	中国历史文化名镇	2014
20		光福镇（吴中区）	省级历史文化名镇	2001
21		金庭镇（吴中区）	省级历史文化名镇	2001
22		余东镇（海门市）	中国历史文化名镇	2008
23	南通市	栟茶镇（如东县）	中国历史文化名镇	2014
24		白蒲镇（如皋市）	省级历史文化名镇	2013
25	淮安市	码头镇（淮阴区）	省级历史文化名镇	2013
26	盐城市	安丰镇（东台市）	中国历史文化名镇	2007
27		富安镇（东台市）	中国历史文化名镇	2014

续表

序号	地区	名称	称号	公布时间（年）
28	扬州市	邵伯镇（江都区）	中国历史文化名镇	2008
29		大桥镇（江都区）	中国历史文化名镇	2014
30	镇江市	宝堰镇（丹徒区）	省级历史文化名镇	2013
31	泰州市	溱潼镇（姜堰区）	中国历史文化名镇	2005
32		黄桥镇（泰兴市）	中国历史文化名镇	2005
33		沙沟镇（兴化市）	中国历史文化名镇	2010

资料来源：江苏省住房和城乡建设厅。

全省历史文化名村和传统村落一览表

类型	名称	公布时间（年）
中国历史文化名村（10个）	陆巷（苏州）、明月湾（苏州）	2007
	礼社（无锡）	2010
	杨湾（苏州）、东村（苏州）、焦溪（常州）、三山（苏州）、漆桥（南京）、余西（南通）、杨柳（南京）	2014
省级历史文化名村（3个）	严家桥（无锡）、九里（丹阳）	2006
	华山（镇江）	2013
中国传统村落（26个）	礼社（无锡）、陆巷（苏州）、明月湾（苏州）	2012
	前杨柳（南京）、漆桥（南京）、严家桥（无锡）、杨桥（常州）、三山（苏州）、杨湾（苏州）、翁巷（苏州）、东村（苏州）、李市（常熟）、华山（镇江）、儒里（镇江）、九里（丹阳）、柳茹（丹阳）	2013
	焦溪（常州）、衙甪里（苏州）、东蔡（苏州）、植里（苏州）、舟山（苏州）、歇马桥（昆山）、余西（南通）、广济桥（南通）、龟山（洪泽）、草堰（盐城）	2014

资料来源：江苏省住房和城乡建设厅。

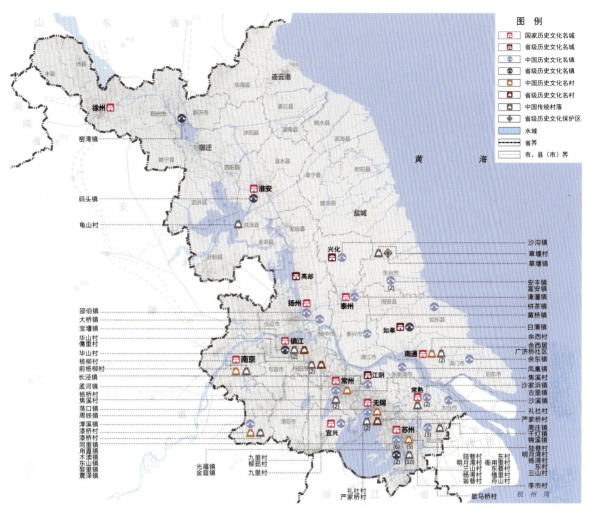

全省历史文化名城、名镇、名村分布图

注：图标下方数字，表示该设区市市区或县（市）拥有该类历史文化遗存的数量。

全省历史文化街区名录

城市	名称	面积（公顷）
南京市	颐和路历史文化街区	35.19
	梅园新村历史文化街区	10.48
	总统府历史文化街区	15.10
	南捕厅历史文化街区	3.17
	朝天宫历史文化街区	9.05
	夫子庙历史文化街区	20.00

续表

城市	名称	面积（公顷）
南京市	荷花塘历史文化街区	12.56
	三条营历史文化街区	4.84
	金陵机器制造局历史文化街区	14.25
	高淳老街历史文化街区	9.36
	七家村历史文化街区	2.15
苏州市	平江历史文化街区	48.40
	阊门历史文化街区	24.78
	拙政园历史文化街区	12.16
	怡园历史文化街区	5.58
	山塘街历史文化街区	25.59
扬州市	东关历史文化街区	32.47
	南河下历史文化街区	22.35
	仁丰里历史文化街区	12.07
	湾子街历史文化街区	32.50
镇江市	西津渡历史文化街区	6.00
	伯先路历史文化街区	3.46
	大龙王巷历史文化街区	4.20
常熟市	南泾堂历史文化街区	8.00
	西泾岸历史文化街区	9.20
	琴川河历史文化街区	13.00
徐州市	户部山历史文化街区	2.58
	状元府历史文化街区	2.49
淮安市	河下古镇历史文化街区	19.69
	上板街、驸马巷和龙窝巷历史文化街区	5.64

续表

城市	名称	面积（公顷）
无锡市	荣巷历史文化街区	8.40
	小娄巷历史文化街区	1.19
	清名桥沿河历史文化街区	18.78
	惠山古镇历史文化街区	15.42
南通市	寺街历史文化街区	11.61
	西南营历史文化街区	6.67
	濠南历史文化街区	31.40
	唐闸历史文化街区	25.75
宜兴市	月城街历史文化街区	2.01
	蜀山古南街历史文化街区	12.80
	葛鲍聚居地历史文化街区	3.44
泰州市	五巷-涵西街历史文化街区	6.19
	城中历史文化街区	5.88
	涵东街历史文化街区	4.78
	渔行水村历史文化街区	2.78
常州市	青果巷历史文化街区	8.20
	南市河历史文化街区	2.50
	前后北岸历史文化街区	3.00
高邮市	城南历史文化街区	6.26
	城中历史文化街区	4.18
	城北历史文化街区	7.78
江阴市	北大街历史文化街区	3.20
兴化市	东门历史文化街区	5.33
	北门历史文化街区	3.53
如皋市	东大街历史文化街区	4.11
	武庙历史文化街区	3.20

资料来源：江苏省住房和城乡建设厅。

4. 绿色生态城区

（1）绿色建筑

2015年7月1日，全国第一部绿色建筑地方性法规《江苏省绿色建筑发展条例》正式施行，各城市认真贯彻落实并全面执行新版《江苏省居住建筑热环境和节能设计标准》《江苏省绿色建筑设计标准》等建筑节能、绿色建筑标准规范，有力推动了绿色建筑全面发展。全省节能建筑规模全国最大，绿色建筑面积及数量始终保持全国第一。截至2015年底，全省节能建筑总规模达143790万平方米，占城镇建筑的52%，绿色建筑标识总量1068项（约占全国的26.2%），建筑面积达11194.2万平方米（约占全国的23.7%）。

2015年全省新增绿色建筑与节能建筑情况

类别		面积（万平方米）
节能建筑	居住建筑	13668
	公共建筑	3830
	合计	17498
可再生能源应用建筑	太阳能光热	5567
	浅层地热	567
	合计	6134
建筑节能改造	居住建筑	204.3
	公共建筑	510.7
	合计	715.0

2015年，全省共新增绿色建筑标识项目503项，建筑面积5139万平方米，其中，一星级标识项目233项，建筑面积2716.8万平方米；二星级标识项目229项，建筑面积2175.1万平方米；三星级标识项目41项，建筑面积247.1万平方米；运行标识项目25项，建筑面积348.3万平方米。

2015 年全省分市新增绿色建筑项目统计

	一星		二星		三星		合计	
	数量（个）	面积（万平方米）	数量（个）	面积（万平方米）	数量（个）	面积（万平方米）	数量（个）	面积（万平方米）
南京	31	685.0	26	255.6	7	27.5	64	968.1
无锡	55	487.2	81	769.3	12	76.6	148	1333.1
徐州	26	268.8	19	253.1	2	5.5	47	527.4
常州	23	239.1	25	92.4	8	42.8	56	374.3
苏州	12	106.5	7	100.8	3	25.2	22	232.5
南通	11	92.4	12	128.7	2	9.1	25	230.2
连云港	2	30.3	2	35.0	4	51.9	8	117.2
淮安	16	260.6	4	37.9	0	0.0	20	298.5
盐城	16	225.7	14	148.0	0	0.0	30	373.7
扬州	10	129.0	7	47.6	0	0.0	17	176.6
镇江	21	132.2	25	255.8	3	8.5	49	396.5
泰州	2	16.1	1	5.2	0	0.0	3	21.3
宿迁	8	43.9	6	45.7	0	0.0	14	89.6
全省	233	2716.8	229	2175.1	41	247.1	503	5139.0

（2）绿色建筑示范区

2015 年，省级建筑节能专项引导资金继续重点支持绿色建筑和绿色生态区域集中示范，推进"建筑能效提升工程"和超低能耗被动房示范，通过项目示范和区域实践，带动绿色建筑区域集中发展，城市生态环境显著提升。2015 年新增绿色建筑示范城市（县、区）4 个，区域示范设区市全省覆盖，并向县区拓展，所有区域示范累计开工建设约 2000 万平方米绿色建筑。

截至 2015 年底，全省绿色建筑区域示范项目共 57 个，其中，建筑节能和绿色建筑示范区 37 个，绿色建筑和生态城区区域集成示范项目 4 个，绿色建筑示范城市（县、区）16 个。

2015 年全省建筑节能和绿色建筑示范区名录

类别	数量(个)	城市	名称
建筑节能和绿色建筑示范区	37	南京市（3）	南京紫东国际创意园
			南京新城科技园
			南京河西新城
		无锡市（5）	无锡中瑞低碳生态城
			江苏宜兴经济开发区科创新城
			江阴市敔山湾新城
			宜兴市建筑节能与绿色建筑示范区
			无锡新区
		徐州市（2）	徐州市沛县建筑节能与绿色建筑示范区
			徐州市新城区
		常州市（4）	武进高新区低碳小镇
			溧阳经济开发区城北工业园
			江苏省常州建设高等职业技术学校
			常州金融商务区（原常州市东经 120 创意生态街区）
		苏州市（6）	苏州工业园区中新生态科技城
			昆山花桥国际金融服务外包区
			张家港经济开发区中丹科技生态城
			苏州工业园区
			昆山市建筑节能和绿色建筑示范区
			苏州吴中太湖新城
		南通市（2）	苏通科技产业园一期
			如东县建筑节能与绿色建筑示范区
		连云港市（3）	连云港市徐圩新区
			连云港市经济技术开发区新海连·创智街区
			连云港市连云新城商务中心区

续表

类别	数量(个)	城市	名称
建筑节能和绿色建筑示范区	37	淮安市（1）	淮安生态新城
		盐城市（3）	盐城市聚龙湖商务商贸区
			大丰港经济区
			阜宁县城南新区一期
		扬州市（2）	扬州市广陵区
			扬州经济开发区临港新城
		镇江市（2）	镇江新区中心商贸区
			镇江市润州区
		泰州市（2）	泰州医药高新技术产业开发区
			靖江市滨江新城
		宿迁市（2）	宿迁市湖滨新城总部集聚区
			宿迁市古黄河绿色生态示范区
绿色建筑和生态城区区域集成示范	4	泰州市（1）	泰州医药高新技术产业开发区
		苏州市（1）	花桥国际金融服务外包区
		淮安市（1）	淮安生态新城
		盐城市（1）	盐城市聚龙湖核心区
绿色建筑示范城市（县、区）	16	盐城市、常州市武进区、宜兴市、太仓市、无锡市、镇江市、苏州市高新区、张家港市、常州市新北区、南通市通州区、盱眙县、泰兴市、常熟市、阜宁县、连云港市海州区、沭阳县	

资料来源：江苏省住房和城乡建设厅。

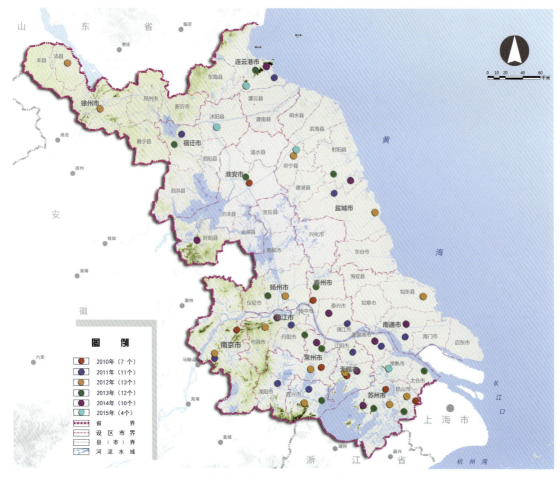

2015 年全省省级绿色建筑示范区分布

注：省级绿色建筑示范区包括建筑节能和绿色建筑示范区、绿色建筑和生态城区区域集成示范、绿色建筑示范城市（县、区）。

（3）绿色城市创建

截至 2015 年底，全省共有 42 个国家生态市（县、区）、64 个国家级生态示范区、21 个国家环保模范城市、4 个国家级生态保护与建设示范区、3 个国家低碳城市试点、2 个国家绿色生态示范城区、1 个国家绿色建筑产业集聚示范区、1 个国家绿色低碳重点小城镇试点、20 个国家可再生能源建筑应用示范城市（县、区、镇），其中，2015 年，无锡市、南京市高淳区、苏州市吴中区、东海县被授予首批"国家级生态保护与建设示范区"称号。截至 2015 年底，全省已创建国家生态园林城市 3 个，国家园林城市 28 个，国家园林县城 7 个，国家园林城镇 13 个，实现设区市的国家园林城市全覆盖，其中，徐州市、苏州市、昆山市被授予首批"国家生态园林城市"称号。

2015 年全省国家绿色生态城（区）名录

类别	数量	名称	
国家生态市（县、区）	42	南京市（6）	南京市、江宁区、浦口区、六合区、高淳区、溧水区
		无锡市（6）	无锡市、滨湖区、锡山区、惠山区、江阴市、宜兴市
		常州市（4）	常州市、武进区、溧阳市、金坛区
		苏州市（8）	苏州市、吴中区、相城区、吴江区、常熟市、张家港市、昆山市、太仓市
		南通市（5）	南通市、通州区、海安县、如东县、海门市
		淮安市（2）	清浦区、金湖县
		扬州市（5）	扬州市、邗江区、宝应县、高邮市、江都区
		镇江市（5）	镇江市、扬中市、丹阳市、句容市、丹徒区
		泰州市（1）	海陵区
国家级生态示范区	64	南京市（5）	江宁区、浦口区、六合区、高淳区、溧水区
		无锡市（2）	江阴市、宜兴市
		徐州市（5）	铜山区、丰县、沛县、睢宁县、邳州市
		常州市（3）	武进区、溧阳市、金坛区
		苏州市（7）	吴中区、相城区、吴江区、常熟市、张家港市、昆山市、太仓市
		南通市（6）	通州区、海门市、如东县、启东市、如皋市、海安县
		连云港市（4）	赣榆区、东海县、灌云县、灌南县
		淮安市（6）	淮安区、淮阴区、涟水县、洪泽县、盱眙县、金湖县
		盐城市（9）	盐都区、亭湖区、响水县、滨海县、阜宁县、射阳县、建湖县、东台市、大丰区
		扬州市（5）	扬州市、邗江区、江都区、宝应县、仪征市
		镇江市（4）	丹徒区、丹阳市、扬中市、句容市
		泰州市（4）	姜堰区、兴化市、靖江市、泰兴市
		宿迁市（4）	宿豫区、沭阳县、泗阳县、泗洪县

续表

类别	数量	名称	
国家环保模范城市	21	南京市（1）	南京市
		无锡市（3）	无锡市、江阴市、宜兴市
		徐州市（1）	徐州市
		常州市（3）	常州市、溧阳市、金坛区
		苏州市（6）	苏州市、吴江区、常熟市、张家港市、昆山市、太仓市
		南通市（2）	南通市、海门市
		淮安市（1）	淮安市
		扬州市（1）	扬州市
		镇江市（2）	镇江市、句容市
		泰州市（1）	泰州市
国家级生态保护与建设示范区	4	南京市（1）	高淳区
		无锡市（1）	无锡市
		苏州市（1）	吴中区
		连云港市（1）	东海县
国家绿色生态示范城区	2	无锡市太湖新城、南京市河西新区	
国家绿色建筑产业集聚示范区	1	常州市武进区	
国家低碳城市试点	3	苏州市、淮安市、镇江市	
国家绿色低碳重点小城镇试点	1	常熟市海虞镇	
国家可再生能源建筑应用示范城市（县、区、镇）	20	南京市（1）	南京市
		无锡市（1）	无锡市
		苏州市（3）	昆山市、张家港市、海虞镇
		南通市（2）	如东县、海安县、
		连云港市（3）	连云港市、赣榆区、东海县
		淮安市（2）	淮安市、涟水县
		扬州市（1）	扬州市
		宿迁市（4）	宿迁市、沭阳县、泗阳县、泗洪县
		追加推广面积示范市县（3）	南京市、连云港市赣榆区、海安县

续表

类别	数量	名称	
国家生态园林城市	3	徐州市、苏州市、昆山市	
国家园林城市	28	南京市（1）	南京市
		无锡市（3）	无锡市、江阴市、宜兴市
		徐州市（2）	徐州市、新沂市
		常州市（2）	常州市、金坛区
		苏州市（6）	苏州市、吴江区、常熟市、张家港市、昆山市、太仓市
		南通市（2）	南通市、如皋市
		连云港市（1）	连云港市
		淮安市（1）	淮安市
		盐城市（3）	盐城市、东台市、大丰区
		扬州市（2）	扬州市、江都区
		镇江市（2）	镇江市、扬中市
		泰州市（2）	泰州市、靖江市
		宿迁市（1）	宿迁市
国家园林县城	7	南京市（2）	高淳区、溧水区
		徐州市（1）	沛县
		淮安市（1）	金湖县
		盐城市（1）	射阳县
		扬州市（1）	宝应县
		宿迁市（1）	泗阳县
国家园林城镇	13	无锡市（1）	江阴市新桥镇
		常州市（2）	武进区洛阳镇、新北区薛家镇
		苏州市（8）	吴江区同里镇、吴中区木渎镇、常熟市梅李镇、常熟市碧溪镇、昆山市巴城镇、昆山市淀山湖镇、昆山市千灯镇、张家港市南丰镇
		扬州市（1）	高邮市菱塘回族乡
		泰州市（1）	兴化市戴南镇

资料来源：根据环境保护部、住房和城乡建设部、国家发展和改革委员会相关项目名单整理。

5. 住房建设

着力构建"系统化设计、制度化安排、规范化建设和长效化管理"的住房保障体系。2015年全省城镇人均住房建筑面积39.6平方米，较上年增长0.1平方米；农村人均住房建筑面积55平方米，较上年增长0.8平方米。截至2015年底，全省保障性安居工程实现新开工29.2万套、基本建成31.8万套，均超额完成年度目标（新开工26.6万套、基本建成28万套）。公租房和廉租房实现并轨运行，淮安市成为全国共有产权住房试点城市，常州市公租房社会化租赁模式被全国推广。积极开展住房保障体系建设试点示范，印发《关于推进保障性住房共有产权工作的意见》（苏建房保〔2014〕671号），继续推动各地因地制宜实施共有产权住房保障，稳步扩大共有产权住房试点，组织有关地区实施公共租赁住房租售并举。南京、张家港和常熟等地制定出台了共有产权住房实施细则，常州市区、镇江新区、丹阳市开展了公共租赁住房租售并举试点。

推动将农业转移人口和外来务工人员逐步纳入城镇住房保障范围。印发《省住房城乡建设厅关于进一步加强公共租赁住房分配入住工作的通知》（苏建房保〔2015〕204号），明确要求各地结合居住证制度的实施，将具有稳定职业、参加当地社会保障并居住达到一定年限的农业转移人口和外来务工人口纳入公共租赁住房保障范围。2015年全省住房保障新增覆盖外来务工和新就业人员10万人以上。

全面推进棚户区改造，2015年全省各类棚户区（危旧房）改造新开工23.93万套（户）、基本建成19.09万套，均超额完成年度目标（新开工22.34万套、基本建成16.93万套）。积极适应住房市场阶段性发展趋势，优化补偿安置方式，全面推动各地提高货币补偿安置比例，充分利用市场存量房源安置棚户危旧房区居民。

全年房地产开发投资完成额8153.68亿元，其中住宅6080.21亿元；房屋施工面积58118.44万平方米，其中住宅42315.98万平方米；竣工面积10296.96万平方米，其中住宅7930.21万平方米；商品房销售11414.05万平方米，其中住宅10275.95万平方米。全省住房公积金共发放贷款972.09亿元，支持27.70万户购买住房。

在建筑产业转型方面，通过示范城市、示范基地、示范项目建设，加快实现以"标准化设计、工业化生产、装配化施工、成品化装修、信息化管理"为特征的建筑产业现代化，推动设计、生产、施工、开发等全产业链的转型升级。截至2015年底，全省共建立了7个国家住宅产业化基地。全省采用建筑产业现代化方式建造的项目面积稳步上升。

6. 基础设施

（1）城市道路交通发展

① 道路与桥梁设施

城市道路基础设施建设规模持续增长。截至2015年底，全省城市①道路总长4.6万公里，较上年增加1605.88公里；道路面积达到854平方公里，较上年增加40平方公里；桥梁数总计15460座，较上年增加618座。

2015年全省城市建成区道路面积率17.59%，较上年增加0.28个百分点，其中，设区市市区、县（市）城市建成区道路面积率分别为18.74%和15.33%；全省城市人均道路面积23.64平方米，较上年增加0.52平方米，其中设区市市区、县（市）城市人均道路面积分别

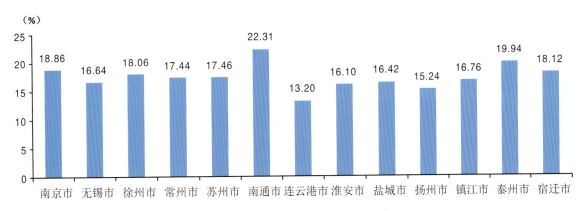

2015年分市城市道路面积率②

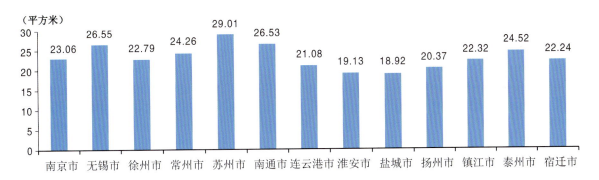

2015年分市城市人均道路面积

---

① 此处及下文中全省城市道路设施指标统计范围包括设区市市区及县（市）。
② 此处及下图中分市包括设区市市区及所辖县（市）。

为 24.74 平方米和 21.36 平方米；全省城市人行道面积占道路面积比例为 16.38%，其中设区市市区、县（市）城市人行道面积占比分别为 15.18% 和 19.27%。

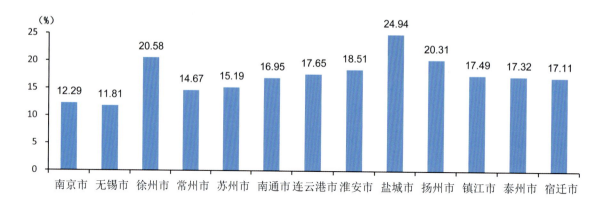

2015 年分市城市人行道面积占道路面积比例

2015 年全省城市建成区道路网密度为 9.47 公里/平方公里，较上年略有增加；其中设区市市区、县（市）城市建成区道路网密度分别为 10.1 公里/平方公里和 8.22 公里/平方公里。全省城市人均道路里程 12.73 公里/万人，其中设区市市区、县（市）城市人均道路里程分别为 13.34 公里/万人和 11.46 公里/万人。全省设区市市区城市快速路、主干路、次干路、支路和街坊路累计里程占比分别为 3.7%、32.2%、21.2%、42.9%。

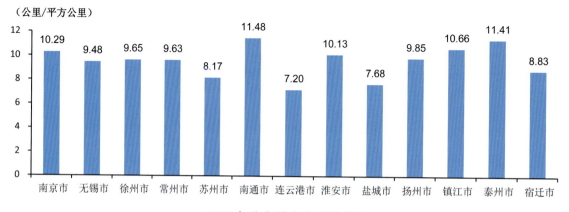

2015 年分市城市道路网密度

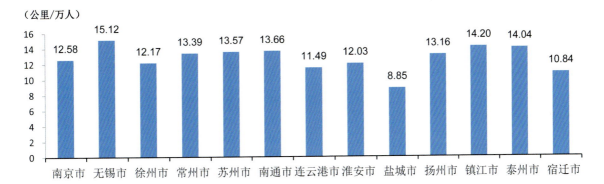

2015 年分市城市人均道路里程

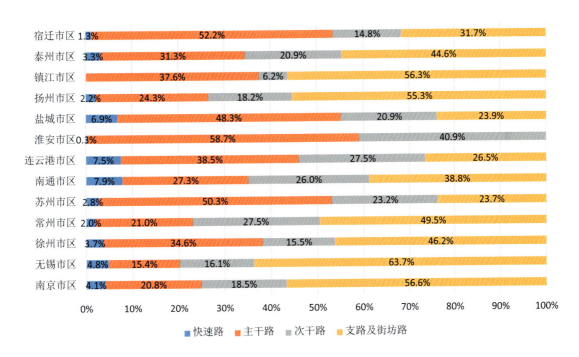

2015 年设区市市区城市道路里程结构

注：淮安市区城市支路及街坊路里程数据缺失，未纳入统计。

② 城市公共交通

城市公交优先发展战略进一步深化实施，全省公交服务网络体系不断优化。截至 2015 年底，全省轨道交通运营里程约 399.4 公里，包含南京市 231.5 公里、无锡市 55.7 公里、苏州市 92.1 公里和淮安市 20.1 公里，总站点数达 277 个[①]。

[①] 数据来源：江苏省统计局．江苏城市轨道交通发展分析报告。

2015年，全省实有公共汽（电）车营运线路63623公里，比上年增加5889公里。其中，BRT运营线路里程达543公里，比上年增加104.1公里，包括常州市运营里程290公里、盐城市201公里、连云港市52公里。2015年，全省城市每万人拥有公共交通车辆数量为15.1标台，比上年增加1标台，全省城市出租汽车营运车辆数量为61120辆。

2015年设区市市区每万人拥有公共交通车辆数量　　2015年设区市市区公共汽（电）车营运线路长度

2015年，全省城市公交客运总量为73.2亿人次，比上年增加3.95亿人次，同比增长5.7%，其中城市轨道交通客运量约为9.4亿人次，较上年增长约46.9%。全省城市公交出行分担率平均为23%[1]，比上年增加0.6个百分点。

2015年全省城市公交客运量结构[2]

公交方式	公共汽（电）车	出租汽车	城市轨道交通	客运轮渡
客运总量（亿人次）	47.5	16.3	9.4	0.05
占比（%）	64.87	22.20	12.86	0.07

③ 私人汽车保有量

截至2015年底，全省私人汽车保有量1076.9万辆，较上年增加141.2万辆。其中，私人轿车保有量为773.9万辆，较上年增加108.3万辆。

---

[1] 该指标统计范围为设区市市区，数据来源：江苏省交通运输厅。
[2] 数据来源：江苏省交通运输厅。

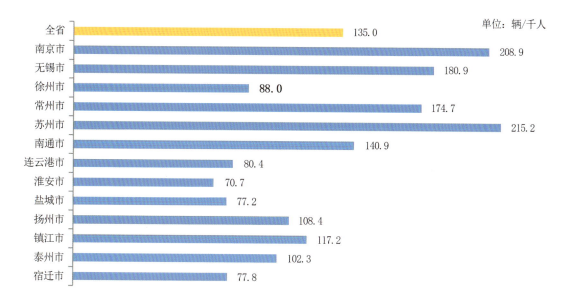

2015 年分市私人汽车千人保有量

（2）市政基础设施

2015 年，全省城乡统筹区域供水乡镇覆盖率达 97%，与上年相比，增加 9 个百分点，其中，苏锡常、宁镇扬泰通地区规划范围内的乡镇基本实现了城乡统筹区域供水全覆盖，苏北地区城乡统筹区域供水乡镇覆盖率达 94%，城乡供水总服务人口约 7026 万人。全省累计建成 159 座城市公共供水厂，其中 146 座投入运行，全省总供水能力达到 2773.5 万立方米/日，与上年相比增长 5.3%，年供水总量达 60.34 亿立方米；59 个城市公共供水厂实施深度处理工艺，深度处理总能力达 1105.5 万立方米/日，与上年相比增长 14%。2015 年，全省新增供水能力 142.5 万立方米/日，新增自来水深度处理能力 133.5 万立方米/日；新增区域供水通水乡镇 118 个；新增改造完成 248 个城市居民住宅小区的二次供水设施工程点。

2015 年，全省城市（县城）污水处理率为 92.9%，城市（县城）污水处理厂集中处理率为 80.19%，城市（县城）已建成污水处理厂 191 座，处理能力达到 1238 万立方米/日。已建成镇级污水处理厂 562 座，处理能力为 342 万立方米/日。

2015 年，全省城市（县城）生活垃圾无害化处理率为 99.74%，与上年相比增长 1.84 个百分点；共建设无害化处理厂（场）89 座，生活垃圾无害化处理能力为 61310 吨/日，其中，卫生填埋场 56 座、垃圾焚烧厂 32 座、水泥窑协同处置项目 1 座；建制镇生活垃圾无害化处理率为 82.21%，与上年相比增长 12.41 个百分点。

7. 公共服务

（1）教育服务[①]

2015年，全省共有普通高校137所，独立学院25所，成人高校8所。全省普通高等教育在校生187.13万人，比上年增加2.2万人；其中研究生在校生15.56万人，同比增加0.49万人，普通本专科在校生171.57万人，同比增加1.71万人。普通高校专任教师10.72万人。成人高等教育在校生43.36万人，成人高校专任教师683人。全省共有中等职业学校（不含技工学校）248所，在校生68.02万人，专任教师4.23万人。基础教育方面，2015年，全省共有幼儿园6759所，在园幼儿250.73万人，专任教师12.92万人。小学4068所，在校生499.64万人，专任教师27.79万人；初中2091所，在校生186.72万人，专任教师17.34万人；普通高中569所，在校生97.80万人，专任教师9.54万人；特殊教育学校106所，在校生2.31万人，专任教师0.33万人。

2015年，全省学前三年教育毛入园率97.6%，高中阶段教育毛入学率99.1%，高等教育毛入学率52.3%。

（2）医疗卫生服务[②]

2015年，全省每万人拥有医师数23.7人，较上年增长1.3人；每万人拥有医院、卫生院床位数48.3张，较上年增长2.5张。截至2015年底，全省医疗卫生机构总数31925个。其中医院1581个，基层医疗卫生机构28841个，专业公共卫生机构1244个。与上年比较，医院增加57个，基层医疗卫生机构减少80个，专业公共卫生机构减少51个。医疗机构中，三级医疗机构147个，二级医疗机构361个，一级医疗机构670个。全省医疗机构床位41.36万张，其中医院占79.42%，基层医疗卫生机构占18.41%。2015年居民到医疗卫生机构平均就诊6.85次，总诊疗人次中医院占44.16%，基层医疗卫生机构占53.46%。全省医疗机构病床使用率为83.07%，其中医院88.60%，乡镇卫生院63.45%，社区卫生服务中心50.29%。与上年比较，医疗机构病床使用率降低0.96个百分点，其中医院降低1.68个百分点，乡镇卫生院提高1.88个百分点，社区卫生服务中心提高0.21个百分点。

[①] 数据来源：江苏省教育厅。
[②] 数据来源：2014年、2015年江苏省卫生和计划生育事业发展统计公报。

（3）公共文化服务[①]

截至 2015 年底，全省共有公共图书馆 114 个，总藏量 6846.93 万册，电子图书 4353.46 万册（件、种）。本年新增藏量 477.69 万册，新增电子图书 519.53 万册（件、种）。发放借书证 1107.32 万个，苏州市区市民卡自动开通借书证功能。与上年相比，书刊文献外借人次减少 10.41%，外借册次增长 11.12%。除徐州、常州、连云港外，其它各设区市所辖县、市（区）实现公共图书馆全覆盖。

截至 2015 年底，全省共有文化馆 115 个，全年组织文艺活动 11364 次，同比增长 21.92%，全年组织文艺活动参加人次比上年增长 165.19 万人次。除徐州外，其它各设区市的县、市（区）已实现文化馆全覆盖。全省共有文化站 1281 个，其中乡镇文化站 912 个，全年组织各类活动 6.73 万次，同比增长 10.87%。

全省共有各级非物质文化遗产保护机构 114 个。国家级非物质文化遗产名录项目 140 个，保护单位 136 个；省级非物质文化遗产名录项目 424 个，保护单位 354 个。

8. 城市安全

（1）基础设施运行安全

构建并完善"水源达标、备用水源、深度处理、严密检测、预警应急"的供水安全保障体系，截至 2015 年底，全省 55 个县以上城市中已有 53 个建成第二水源、应急备用水源，自来水深度处理能力占供水总能力达 40%，供水水质监管和检测能力建设得到不断加强。建设并运行全省统一的城市桥梁信息管理系统，强化城市桥梁动态运行监管。

（2）工程质量安全管理

2015 年，全省部署开展危险性较大的分部分项工程落实施工方案专项行动，先后三次开展建筑施工安全生产督查，随机检查在建工程 276 个，发现各类隐患 1222 项并认真督促整改。全省下发了《建筑工程五方责任主体项目负责人质量终身责任追究暂行办法的实施细则》，指导企业建立"建筑工程五方责任主体项目负责人质量终身责任信息档案"。修订了

[①] 数据来源：江苏省"十二五"时期文化发展情况统计分析，江苏省 2014 年文化发展情况统计分析。

《住宅工程质量通病控制标准》，对住宅工程完工后常见的、影响使用功能和外观质量的主要缺陷，从设计、材料、施工、管理四个方面提出了综合控制措施。

9. 城市治理

（1）智慧城市建设

继续推进全省国家智慧城市试点市（区、县、镇）建设。推进城市公共信息平台系统开发，确定了软件总体架构、资源目录体系、资源交换接口以及部分数据库建设等内容。开展了《数据共享技术指南》和《智慧家居工程设计指南》课题研究。开展智慧江苏建设重点示范工程遴选，确定了城市公共信息平台、城市地下管线信息系统等9个重点示范工程。

（2）城市建设管理

大力推进数字化城管建设等工作，制定出台《江苏省数字化城市管理系统建设管理办法》《江苏省数字化城市管理系统验收标准》《县（市）数字化城市管理建设工作方案编制指南》和《县（市）数字化城市管理实施方案参考范本》，全省县以上城市实现数字化城管全覆盖。组织开展省优秀管理城市、城市管理示范路和示范社区创建，8个城市被省政府批准命名为"江苏省优秀管理城市"[①]，全省共新增创建"江苏省城市管理示范路"24条、"江苏省城市管理示范社区"16个，切实达到了"以创建促建设、以建设促管理、以管理促规范、以规范促提升"的良好效果，带动提升了全省城市管理水平。

---

① 江苏省优秀管理城市为徐州市、盐城市、宿迁市和宜兴市、常熟市、海安县、海门市、东台市。

02

Index

指标篇

◇ 全省城市发展指标
◇ 设区市城市发展指标
◇ 县（市）城市发展指标

一、全省城市发展指标

2015 年全省城市发展指标

类别	序号	指标		2020年目标值	2015年实现值
经济可持续	1	国民经济核算	GDP（亿元）	—	70116.38
			人均GDP（万元）	13	8.80
			服务业增加值占GDP比重（%）	60	48.6
	2	现代农业发展水平（%）		90	84.6
	3	高新技术企业产值占规模以上工业总产值比重（%）		45	40.1
	4	财政收入	一般公共预算收入（亿元）	—	8028.59
			人均一般公共预算收入（万元）	—	1.01
	5	人均社会消费品零售额（万元）		—	3.25
	6	人均存款余额（万元）		—	5.09
	7	万人发明专利拥有量（件）		12	14.2
社会文明	8	城镇化率（%）		70	66.5
	9	城镇就业人口占城镇人口比重（%）		—	57.98
	10	户籍人口城镇化率（%）		—	62.1
	11	城乡居民收入比		2.2	2.29
	12	每千名老人拥有养老床位数（张）		40	40.2
	13	基本社会保障	城乡基本养老保险覆盖率（%）	98	>97
			城乡基本医疗保险覆盖率（%）	98	>97
			城乡最低生活保障标准比	1	1.13
文化繁荣	14	人均拥有公共文化体育设施面积（平方米）		2.8	2.81
	15	城乡家庭宽带接入能力（Mbps）		≥100	100（城）20（乡）
	16	百人公共图书馆流通人次（人次/百人）		—	75.2
	17	百人文化馆组织文艺活动参加人次（人次/百人）		—	10.5

续表

类别	序号	指标		2020年目标值	2015年实现值
宜居城市	18	住房保障	城镇住房保障体系健全率（%）	99	91.34
			城市棚户区改造项目完成户数（万户）	—	14.74
			住房公积金个贷率（%）		98.97
	19	公共交通	城市居民公共交通出行分担率（%）	26	23
			镇村公共交通开通率（%）	100	60.9
	20	城乡统筹区域供水乡镇覆盖率（%）		95	97
	21	城市管道燃气普及率（%）		—	72.05
	22	污水处理	城镇污水处理率（%）	92	88.03
			城市（县城）污水处理厂集中处理率（%）		80.19
			建制镇污水处理设施覆盖率（%）	100	90.4
	23		城镇绿化覆盖率（%）	40	37.41
			林木覆盖率（%）	24	22.5
	24	生活垃圾	城乡生活垃圾无害化处理率（%）	98	87
			城乡生活垃圾焚烧占比（%）	—	66.14
	25	二星以上绿色建筑面积占绿色建筑面积比例（%）			47.1
城市治理	26	江苏省城市管理示范社区数量（个）①			101
	27	较大生产安全事故数量（起）			40
	28	12319城市管理公共服务平台市民反应处置率（%）			98.06

注：2020年目标值主要来源于全省基本实现现代化目标。现代化目标中未有的指标"城乡家庭宽带接入能力""城乡统筹区域供水乡镇覆盖率"目标值来源于《江苏省新型城镇化与城乡发展一体化规划（2014-2020）》；"城乡最低生活保障标准比"为城市低保标准与农村低保标准的比值，数据来源于江苏省民政厅，目标值参考《江苏省民政事业"十三五"规划》提出的"城乡低保标准一体化率达到100%"发展目标确定；"百人公共图书馆流通人次""百人文化馆组织文艺活动参加人次"，分别按公共图书馆流通人次/常住人口、文化馆组织文艺活动参加人次/常住人口计算，数据来源于《江苏省文化统计年鉴2015》；"城镇污水处理率""建制镇污水处理设施覆盖率"目标值来源于《江苏省城镇污水处理"十三五"规划》；"城乡生活垃圾焚烧占比"指采用焚烧方式占生活垃圾无害化处理方式的规模占比。

① 资料来源：《省住房城乡建设厅关于命名2013年度江苏省城市管理示范路和示范社区的通知》（苏建城〔2014〕147号）、《省住房城乡建设厅关于命名2014年度"江苏省城市管理示范路和示范社区"的通知》（苏建函城〔2014〕944号）、《省住房城乡建设厅关于命名2015年度"江苏省城市管理示范路和示范社区"的通知》，该项指标统计为累计数量。

二、设区市城市发展指标

1. 经济可持续

2015 年设区市经济可持续相关指标

	国民经济核算			现代农业发展水平（%）	高新技术企业产值占规模以上工业总产值比重（%）	财政收入		人均社会消费品零售额（万元）	人均存款余额（万元）	万人发明专利拥有量（件）
	GDP（亿元）	人均GDP（万元）	服务业增加值占GDP比重（%）			一般公共预算收入（亿元）	人均一般公共预算收入（元）			
南京市	9720.77	11.82	57.3	89.4	45.87	1020.03	12385	5.57	6.72	32.93
无锡市	8518.26	13.09	49.1	89.1	42.69	830.00	12748	4.37	7.13	25.37
徐州市	5319.88	6.15	46.2	81.7	36.88	530.68	6122	2.72	3.21	3.76
常州市	5273.15	11.22	49.5	89.1	44.82	466.28	9918	4.23	6.79	18.74
苏州市	14504.07	13.67	49.9	89.3	46.16	1560.76	14702	4.20	6.93	27.42
南通市	6148.40	8.42	45.8	85.7	44.75	625.64	8570	3.26	7.01	15.05
连云港市	2160.64	4.84	42.5	78.7	35.65	291.77	6522	1.86	2.34	3.63
淮安市	2745.09	5.65	45.9	79.7	25.72	350.31	7190	1.99	2.43	2.71
盐城市	4212.50	5.83	42.1	82.0	29.75	477.50	6606	2.03	3.32	2.43
扬州市	4016.84	8.96	43.9	83.7	43.86	336.75	7511	2.76	5.30	6.10
镇江市	3502.48	11.04	46.9	85.5	51.61	302.85	9534	3.51	5.48	20.60
泰州市	3687.90	7.95	45.0	85.4	40.94	316.56	6820	2.16	4.83	6.05
宿迁市	2126.19	4.39	39.4	79.1	20.02	235.67	4855	1.29	1.96	1.16

2. 社会文明

2015年设区市社会文明相关指标

	城镇化率（%）	户籍人口城镇化率（%）	城乡居民收入比	每千名老人拥有养老床位数（张）	城乡最低生活保障标准比
南京市	81.4	70.6	2.37	49.0	1.00
无锡市	75.4	74.3	1.87	41.8	1.00
徐州市	61.1	57.5	1.88	36.5	1.39
常州市	70.0	74.5	1.95	48.0	1.00
苏州市	74.9	79.5	1.97	48.0	1.00
南通市	62.8	65.2	2.10	33.4	1.18
连云港市	58.7	51.7	2.01	37.2	1.25
淮安市	58.2	53.0	2.14	38.6	1.32
盐城市	60.1	57.6	1.79	37.3	1.29
扬州市	62.8	64.5	1.98	34.1	1.10
镇江市	67.9	57.4	2.01	41.8	1.00
泰州市	61.6	55.1	2.08	35.4	1.09
宿迁市	55.5	50.2	1.74	44.2	1.32

注：城乡最低生活保障标准比根据城市低保标准/农村低保标准计算。

3. 文化繁荣

2015 年设区市文化繁荣相关指标

	人均拥有公共文化体育设施面积（平方米）	公共图书馆数量（个）	公共图书馆藏书量（千册）	百人公共图书馆流通人次（人次/百人）	文化馆数量（个）	百人文化馆组织文艺活动参加人次（人次/百人）	固定宽带家庭普及率（%）
南京市	3.21	15	16343	96.39	14	15.17	107.45
无锡市	2.51	10	5186	92.97	10	11.30	100.93
徐州市	2.38	8	3163	19.11	9	6.45	41.93
常州市	2.52	4	3140	46.20	8	10.73	95.33
苏州市	3.31	11	17457	225.58	11	14.56	145.92
南通市	2.89	10	4703	38.69	9	9.43	47.64
连云港市	2.72	7	2660	53.11	7	6.99	51.43
淮安市	2.16	9	2564	25.14	9	8.37	39.01
盐城市	3.02	11	3253	50.50	10	4.42	36.27
扬州市	2.18	7	3211	44.41	7	12.75	58.78
镇江市	2.37	9	3003	86.98	8	16.44	65.00
泰州市	2.9	7	2570	54.65	7	8.51	47.27
宿迁市	2.76	6	1216	18.09	6	11.53	38.75

注：百人公共图书馆流通人次、百人文化馆组织文艺活动参加人次，分别按公共图书馆流通人次/常住人口、文化馆组织文艺活动参加人次/常住人口计算，数据来源于《江苏省文化统计年鉴2015》，其中南京市的公共图书馆、文化馆相关指标，包括省级和市级公共图书馆、文化馆相关统计。城乡家庭宽带接入能力（Mbps）全省、市、县按标准统一配建，本表采用固定宽带家庭普及率（%）替代，按照固定宽带用户数/常住人口家庭户数计算，其中固定宽带用户数包含了家庭、企事业用户等。

4. 宜居城市

2015年设区市宜居城市相关指标

| 城市 | 住房保障 | | | 城乡统筹区域供水乡镇覆盖率（%） | 城市管道燃气普及率（%） | 污水处理 | | 城市建成区绿化覆盖率（%） | 林木覆盖率（%） | 生活垃圾 | | 二星以上绿色建筑面积占绿色建筑面积比例（%） |
	城镇住房保障体系健全率（%）	城市棚户区改造项目完成户数（万户）	住房公积金个贷率（%）			城市污水处理厂集中处理率（%）	建制镇污水处理设施覆盖率（%）			城乡生活垃圾无害化处理率（%）	城乡生活垃圾焚烧占比（%）	
南京市	86.96	1.52	104.58	100	75.21	65.49	89	44.47	29.6	86.80	69.82	29.2
无锡市	90.43	0.43	92.32	100	87.83	89.35	100	42.92	26.8	95.00	56.93	63.5
徐州市	86.22	4.68	84.05	89.68	60.46	88.21	100	42.78	30.3	85.65	53.54	49.0
常州市	93.41	0.62	98.04	90.67	95.64	90.39	100	43.04	25.5	95.00	64.58	36.1
苏州市	92.97	0.66	101.23	100	88.51	82.55	100	43.08	20.6	95.00	74.19	54.2
南通市	91.24	1.18	101.20	100	74.95	87.09	100	42.05	23.5	91.81	91.30	59.9
连云港市	84.74	0.24	96.74	81.63	59.16	78.40	65	40.24	27.5	60.98	62.08	74.1
淮安市	93.15	1.14	100.55	100	58.33	78.14	96	41.27	25.0	66.27	58.34	12.7
盐城市	90.10	1.02	108.31	100	55.52	82.08	89	41.08	26.1	77.02	50.66	39.6
扬州市	91.55	0.56	100.28	100	73.93	85.45	91	42.80	23.0	92.36	37.47	27.0
镇江市	90.60	0.55	100.35	100	68.23	81.40	97	42.13	25.0	93.11	90.66	66.7
泰州市	91.29	0.77	98.43	100	53.70	64.43	96	41.36	23.1	82.73	86.66	24.4
宿迁市	86.73	1.36	83.66	96.55	56.76	83.65	51	41.90	28.4	75.12	51.02	51.0

注：城乡生活垃圾焚烧占比指采用焚烧方式占生活垃圾无害化处理方式的规模占比。

5. 城市治理

2015年设区市城市治理相关指标

	江苏省城市管理示范社区数量（个）	较大生产安全事故数量（起）	12319城市管理公共服务平台市民反应处置率（%）
南京市	9	5	96.9
无锡市	8	2	98.0
徐州市	5	4	98.3
常州市	9	5	91.4
苏州市	14	3	99.9
南通市	14	4	99.9
连云港市	4	1	100
淮安市	6	1	100
盐城市	7	2	100
扬州市	7	1	91.0
镇江市	7	2	100
泰州市	7	3	99.4
宿迁市	4	2	100

三、县（市）城市发展指标

1. 经济可持续

2015年县（市）经济可持续相关指标

	国民经济核算			现代农业发展水平（%）	财政收入		人均社会消费品零售额（万元）	人均存款余额（万元）	万人发明专利拥有量（件）
	GDP（亿元）	人均GDP（万元）	服务业增加值占GDP比重（%）		一般公共预算收入（亿元）	人均一般公共预算收入（元）			
江阴市	2880.86	17.61	43.40	91.7	218.92	13375	4.31	6.28	14.10
宜兴市	1285.66	10.27	44.82	85.2	102.50	8178	4.05	7.26	14.51
丰县	370.33	3.91	37.93	80.2	43.09	4549	1.41	2.38	0.79
沛县	605.84	5.44	40.00	84.1	59.30	5320	1.95	2.60	1.05
睢宁县	451.89	4.42	40.20	77.3	43.68	4271	1.55	2.46	0.32
新沂市	507.63	5.59	45.97	78.2	51.33	5646	1.69	2.12	0.81
邳州市	731.71	5.10	42.85	80.7	62.38	4346	1.56	2.10	1.27
溧阳市	738.15	9.71	44.00	85	56.19	7385	3.62	6.08	14.00
常熟市	2044.88	13.54	45.96	86.6	157.70	10443	4.47	7.31	20.67
张家港市	2229.82	17.80	45.24	87.2	174.22	13903	3.95	7.65	21.60
昆山市	3080.01	18.66	44.01	88.1	284.76	17246	4.33	6.33	31.26
太仓市	1100.08	15.52	45.30	88.5	114.54	16144	3.73	6.86	26.51
海安县	680.44	7.86	44.60	87.3	62.06	7164	2.86	7.32	19.40
如东县	672.69	6.85	43.54	84.4	58.54	5961	2.93	5.54	9.83
启东市	803.14	8.41	43.40	81.9	76.86	8057	3.07	7.50	12.41
如皋市	812.46	6.48	43.13	86.4	77.10	6153	2.47	5.18	12.75
海门市	915.02	10.13	42.80	85.1	78.40	8670	3.44	7.74	14.30
东海县	393.54	4.09	40.13	79.7	41.02	4257	1.62	1.94	1.52

续表

	国民经济核算			现代农业发展水平（%）	财政收入		人均社会消费品零售额（万元）	人均存款余额（万元）	万人发明专利拥有量（件）
	GDP（亿元）	人均GDP（万元）	服务业增加值占GDP比重（%）		一般公共预算收入（亿元）	人均一般公共预算收入（元）			
灌云县	300.13	3.75	35.58	76.9	39.32	4909	1.33	1.65	0.64
灌南县	281.63	4.47	34.28	82.1	38.85	6148	1.32	1.49	1.50
涟水县	340.87	4.03	45.54	73.4	33.32	3935	1.38	1.90	1.22
洪泽县	230.81	6.85	44.96	83.5	25.21	7467	2.51	2.34	2.22
盱眙县	320.13	4.91	43.60	77.1	34.98	5361	1.70	2.14	3.59
金湖县	216.53	6.55	47.24	83.8	23.91	7224	2.45	3.47	5.77
响水县	244.30	4.86	36.95	80.2	32.54	6483	1.19	1.53	1.59
滨海县	361.30	3.84	43.27	79.3	38.65	4107	1.06	1.63	1.87
阜宁县	363.20	4.33	41.56	79.3	39.17	4673	1.40	2.72	1.01
射阳县	407.61	4.57	44.55	78.6	20.56	2308	1.70	2.69	1.08
建湖县	431.05	5.85	45.61	81.1	50.61	6866	2.11	3.50	1.57
东台市	670.23	6.79	45.22	85.1	71.55	7249	2.31	4.86	1.55
宝应县	458.02	6.07	41.13	83	30.49	4036	1.80	3.48	2.83
仪征市	408.19	7.68	49.01	81.6	39.44	6984	1.77	4.84	2.92
高邮市	483.86	6.54	41.74	82.1	33.24	4491	2.07	4.19	2.61
丹阳市	1070.25	10.93	44.70	85.3	67.06	6841	2.90	5.19	8.62
扬中市	475.80	13.92	45.00	84.4	34.03	9947	3.71	7.60	20.14
句容市	468.50	7.50	43.40	83.5	40.01	6402	2.07	4.25	14.02
兴化市	667.40	5.32	45.74	82.3	40.85	3255	1.23	3.43	1.98
靖江市	748.32	10.90	45.93	87.3	61.61	8969	2.32	6.32	7.06
泰兴市	740.77	6.88	45.05	85.1	52.79	4901	1.78	3.98	6.13
沭阳县	630.13	4.07	40.49	78	71.75	4650	1.14	1.82	0.97
泗阳县	362.24	4.31	34.28	80.2	33.68	4024	1.06	2.08	1.41
泗洪县	361.32	4.04	41.80	79.8	31.59	3553	1.05	1.89	0.96

2. 社会文明

2015年县（市）社会文明相关指标

	城镇化率（%）	户籍人口城镇化率（%）	城乡居民收入比	每千名老人拥有养老床位数（张）	城乡最低生活保障标准比
江阴市	69.42	47.77	1.95	42.06	1.00
宜兴市	64.75	57.32	1.95	40.25	1.00
丰县	49.22	40.09	1.64	36.24	1.47
沛县	51.19	50.54	1.74	34.87	1.47
睢宁县	49.33	61.32	1.70	33.79	1.47
新沂市	51.62	45.84	1.72	35.93	1.47
邳州市	51.37	52.63	1.88	30.24	1.47
溧阳市	59.00	61.75	1.93	43.29	1.00
常熟市	67.06	78.07	1.95	48.20	1.00
张家港市	66.99	75.59	1.97	51.70	1.00
昆山市	72.04	81.06	1.95	53.23	1.00
太仓市	66.28	71.76	1.96	56.42	1.00
海安县	55.32	62.71	2.08	29.50	1.38
如东县	54.30	53.36	2.17	26.14	1.38
启东市	55.35	56.96	1.89	30.15	1.26
如皋市	55.27	62.42	2.18	41.48	1.38
海门市	57.32	68.62	1.97	41.07	1.15
东海县	49.76	39.83	1.90	35.16	1.15
灌云县	47.20	32.48	1.79	39.69	1.16
灌南县	47.15	44.56	1.99	29.90	1.15
涟水县	49.80	43.09	1.90	38.76	1.32

续表

	城镇化率（%）	户籍人口城镇化率（%）	城乡居民收入比	每千名老人拥有养老床位数（张）	城乡最低生活保障标准比
洪泽县	50.68	47.25	1.95	37.73	1.32
盱眙县	50.39	47.98	2.13	74.87	1.32
金湖县	50.88	48.03	1.98	38.13	1.32
响水县	52.81	51.82	1.81	28.45	1.29
滨海县	52.10	52.37	1.79	35.10	1.29
阜宁县	53.50	44.78	1.66	30.58	1.29
射阳县	55.70	47.95	1.62	33.81	1.29
建湖县	56.45	56.33	1.75	37.13	1.29
东台市	57.89	60.59	1.68	46.21	1.29
宝应县	50.32	38.58	1.60	28.59	1.33
仪征市	53.69	55.47	2.09	34.68	1.35
高邮市	50.37	41.57	1.86	37.61	1.34
丹阳市	58.20	41.76	1.94	39.19	1.00
扬中市	60.45	51.52	1.94	41.94	1.00
句容市	55.40	58.70	2.16	41.05	1.00
兴化市	52.44	25.20	2.01	28.77	1.36
靖江市	62.22	49.32	2.04	34.22	1.00
泰兴市	57.22	36.45	2.06	38.62	1.36
沭阳县	53.39	47.57	1.71	45.62	1.32
泗阳县	53.16	52.97	1.70	48.48	1.32
泗洪县	53.06	45.51	1.70	47.96	1.32

注：城乡最低生活保障标准比根据城市低保标准/农村低保标准计算。

3. 文化繁荣

2015年县（市）文化繁荣相关指标

	人均拥有公共文化体育设施面积（平方米）	公共图书馆藏书量（千册）	百人公共图书馆流通人次（人次/百人）	百人文化馆组织文艺活动参加人次（人次/百人）	固定宽带家庭普及率（%）
江阴市	2.68	1138	161.90	3.12	158.14
宜兴市	2.92	764	4.81	15.96	113.38
丰县	1.50	214	12.56	0.19	29.19
沛县	2.75	335	13.91	2.87	31.38
睢宁县	1.64	411	2.74	0.98	35.17
新沂市	2.60	184	6.83	2.31	37.01
邳州市	2.30	464	36.49	1.25	29.67
溧阳市	3.49	378	32.86	0.39	57.94
常熟市	3.41	2449	90.79	3.64	167.34
张家港市	3.94	2100	144.96	39.34	128.30
昆山市	4.81	2207	102.96	15.75	273.88
太仓市	4.39	1093	131.37	58.49	168.54
海安县	2.65	439	37.61	21.98	68.72
如东县	2.96	417	41.51	25.46	58.30
启东市	2.88	452	24.97	7.34	55.38
如皋市	3.26	905	54.85	4.39	69.28
海门市	2.73	513	19.90	0.06	71.30
东海县	2.52	873	109.39	7.27	74.33
灌云县	2.68	251	7.29	13.11	48.52
灌南县	2.71	183	13.44	3.17	49.95
涟水县	2.96	133	1.39	2.01	22.92

续表

	人均拥有公共文化体育设施面积（平方米）	公共图书馆藏书量（千册）	百人公共图书馆流通人次（人次/百人）	百人文化馆组织文艺活动参加人次（人次/百人）	固定宽带家庭普及率（%）
洪泽县	2.15	267	54.83	5.33	37.36
盱眙县	2.12	206	2.76	25.01	30.76
金湖县	2.72	209	42.30	3.02	34.22
响水县	2.69	81	6.97	1.79	35.33
滨海县	2.70	207	5.95	0.17	26.05
阜宁县	3.04	400	23.29	3.22	25.54
射阳县	3.05	238	22.45	8.42	30.73
建湖县	3.10	250	16.48	1.70	31.36
东台市	3.08	274	25.66	2.11	30.73
宝应县	1.57	162	24.29	4.37	29.57
仪征市	2.06	364	60.05	2.27	52.35
高邮市	1.57	231	23.54	20.27	42.41
丹阳市	2.32	596	25.61	2.19	91.45
扬中市	1.50	321	51.24	23.38	107.41
句容市	2.83	201	33.60	11.39	66.27
兴化市	2.93	246	18.59	10.76	37.78
靖江市	2.47	535	88.22	4.37	82.76
泰兴市	2.98	319	39.52	0.93	55.65
沭阳县	2.26	165	3.89	0.94	56.92
泗阳县	5.18	287	34.56	6.57	52.77
泗洪县	2.23	95	14.08	23.62	50.08

注：百人公共图书馆流通人次、百人文化馆组织文艺活动参加人次，分别按公共图书馆流通人次/常住人口、文化馆组织文艺活动参加人次/常住人口计算，数据来源于《江苏省文化统计年鉴2015》。城乡家庭宽带接入能力全省、市、县按标准统一配建，本表采用固定宽带家庭普及率（%）替代，按照固定宽带用户数/常住人口家庭户数计算，其中固定宽带用户数包含了家庭、企事业用户等。

4. 宜居城市

2015年县（市）宜居城市相关指标

	住房保障		城乡统筹区域供水乡镇覆盖率（%）	城市管道燃气普及率（%）	污水处理		城市建成区绿化覆盖率（%）	林木覆盖率（%）	生活垃圾	
	城镇住房保障体系健全率（%）	城市棚户区改造项目完成户数（户）			城市污水处理厂集中处理率（%）	建制镇污水处理设施覆盖率（%）			城乡生活垃圾无害化处理率（%）	城乡生活垃圾焚烧占比（%）
江阴市	86.85	3697	100	89.95	80.30	100	42.68	24.3	95.00	100
宜兴市	87.73	67	100	71.09	79.75	100	43.02	29.1	95.00	100
丰县	75.94	1114	71.43	95.12	83.27	100	40.63	36.0	78.97	0
沛县	76.98	4962	86.67	56.42	87.01	100	41.90	23.0	95.00	0
睢宁县	80.86	5524	93.75	16.53	67.03	100	40.42	33.1	79.51	0
新沂市	90.34	5132	100	23.73	88.60	100	41.25	26.8	95.00	0
邳州市	79.51	4292	79.17	27.86	64.92	100	42.47	32.0	84.46	100
溧阳市	88.73	2025	30	86.53	95.29	100	42.66	30.5	90.64	38.44
常熟市	90.79	2536	100	59.59	80.25	100	45.43	17.6	95.00	92.24
张家港市	88.23	278	100	87.00	90.01	100	43.75	19.4	95.00	95.11
昆山市	88.69	0	100	90.45	74.97	100	43.86	18.1	95.00	100
太仓市	92.90	24	100	75.46	93.06	100	42.97	17.4	95.00	100
海安县	87.53	1686	100	67.68	75.73	100	40.63	24.8	95.00	100
如东县	87.80	885	100	21.67	78.02	100	41.46	23.8	85.38	100
启东市	92.12	1591	100	100	80.88	100	41.06	23.1	92.48	100
如皋市	87.52	1976	100	100	88.39	100	41.23	24.9	87.51	54.74
海门市	90.06	841	100	53.20	84.58	100	40.92	22.1	95.00	100
东海县	76.03	37	40.91	44.33	86.62	92	40.76	28.1	69.69	0
灌云县	85.44	987	86.96	59.20	80.00	100	40.33	27.6	28.14	100
灌南县	82.15	92	100	21.40	57.88	13	40.38	26.5	52.09	0

续表

	住房保障		城乡统筹区域供水乡镇覆盖率（%）	城市管道燃气普及率（%）	污水处理		城市建成区绿化覆盖率（%）	林木覆盖率（%）	生活垃圾	
	城镇住房保障体系健全率（%）	城市棚户区改造项目完成户数（户）			城市污水处理厂集中处理率（%）	建制镇污水处理设施覆盖率（%）			城乡生活垃圾无害化处理率（%）	城乡生活垃圾焚烧占比（%）
涟水县	84.88	1347	100	42.85	83.03	81	40.93	23.6	44.90	0
洪泽县	88.90	2929	100	39.69	83.18	100	40.11	21.2	77.62	0
盱眙县	90.38	449	100	45.97	62.97	100	41.91	29.3	55.38	0
金湖县	87.42	595	100	52.85	70.53	100	41.50	22.4	85.90	0
响水县	93.18	300	100	28.01	64.96	100	40.89	26.9	61.57	0
滨海县	89.15	1008	100	27.69	71.33	91	41.02	30.7	72.68	0
阜宁县	85.17	3453	100	60.58	80.95	92	41.14	25.2	82.33	0
射阳县	91.57	1300	100	30.64	82.59	56	41.02	28.3	70.46	0
建湖县	87.80	1688	100	42.19	85.86	100	40.75	22.6	59.67	100
东台市	83.58	202	100	30.67	85.05	100	41.40	27.3	83.55	0
宝应县	89.96	0	100	60.90	81.12	100	41.92	20.1	81.79	0
仪征市	87.88	0	100	69.14	73.25	100	41.20	29.3	89.50	0
高邮市	90.87	1223	100	52.61	80.67	100	41.43	22.2	94.68	0
丹阳市	80.73	226	100	75.40	69.04	100	40.81	19.0	95.00	100
扬中市	79.18	100	100	66.31	88.66	100	40.38	20.3	95.00	100
句容市	88.62	751	100	41.88	76.12	100	41.30	29.2	95.00	0
兴化市	91.36	1003	100	69.91	77.09	96	40.78	19.0	69.34	0
靖江市	89.67	324	100	22.44	65.16	100	42.00	26.9	71.84	100
泰兴市	86.36	2323	100	84.44	82.86	100	41.13	24.5	75.33	100
沭阳县	85.36	5380	89.47	43.59	84.86	16	41.39	26.0	56.79	79.99
泗阳县	85.21	1390	100	59.54	84.32	100	41.54	31.4	72.09	0
泗洪县	81.78	0	100	58.85	75.60	85	41.49	25.9	70.38	0

注：城乡生活垃圾焚烧占比指采用焚烧方式占生活垃圾无害化处理方式的规模占比。